Bzzz

ERPI

Un livre Dorling Kindersley
www.dk.com

L'édition originale de ce titre est parue
sous le titre *BUZZ*
Copyright © 2007 Dorling Kindersley Ltd, Londres

Rédigé et revu par Caroline Bingham,
Ben Morgan, Matthew Robertson
Illustrations : Mark Beech
Maquette de couverture : Hedi Gutt

Consultant : Matthew Robertson

Pour l'édition francaise :
Copyright © 2008 Éditions Milan, Toulouse

Traduction et adaptation française : Emmanuelle Pingault
Relecture scientifique : Pierre Bertrand
Remerciements à Frédéric Pangaud pour sa collaboration

Pour l'édition francaise au Canada :
Copyright © 2008 ERPI

 5757, RUE CYPIHOT
SAINT-LAURENT (QUÉBEC)
H4S 1R3

www.erpi.com/documentaire

Dépôt légal - Bibliothèque et Archives nationales du Québec, 2008
Dépôt légal - Bibliothèque et Archives Canada, 2008

ISBN 978-2-7613-2625-4
K 26254

Imprimé en Chine

Édition vendue exclusivement au Canada

Si tu *cherches*

Viens faire équipe avec les insectes
sociaux : fourmis, abeilles et
termites t'attendent **page 90**

Papillon de jour ou
de nuit ? Réponse
page 60

Les arachnides t'attendent
page 106

Ce dont je me régale est au menu
page 80

la petite
bête...

Pour les scarabées, rampe jusqu'à la **page 46**

Les criquets pèlerins foncent vers la **page 76**

Bzzzz

Mille-pattes, chilopode ou diplopode ? Voyons **page 116**

La ruche bourdonne **page 96**

Il y a 400 millions d'années (à peu près), les ancêtres des **insectes**, **mille-pattes** et autres **araignées** quittèrent la mer pour s'installer sur la terre ferme. Ils furent les **PREMIERS ANIMAUX** à vivre hors de l'eau. **L'homme** n'apparut que 399 millions d'années plus tard. Si l'espèce humaine et les gros animaux disparaissaient, les petites bêtes qui rampent sur notre planète ne s'en porteraient pas plus mal.

Mais si *elles* s'éteignaient, notre univers **s'effondrerait**. Sans abeilles ni papillons, les **fleurs** ne seraient plus fécondées et nos récoltes seraient si maigres que nous **mourrions de faim**. SANS scarabées ni mouches, nos déchets ne seraient plus recyclés : bêtes mortes et *ordures* s'entasseraient partout. Oui, ces créatures qui **rampent** dans nos jardins, **escaladent** nos murs et **bourdonnent** à nos oreilles sont PLUS qu'*importantes* : elles sont **indispensables**. Sans elles, le monde serait tout bonnement **invivable**.

ARTHROPODE

= « *pied articulé* »

Les **insectes**, **araignées**, et autres *bébêtes rampantes* forment le grand **groupe** DES **ARTHROPODES**. Ce mot signifie « pied articulé » car c'est justement ce dont **ils** sont équipés : leurs minuscules pattes **sont** constituées de segments **rigides** assemblés comme des pièces de *Meccano.*

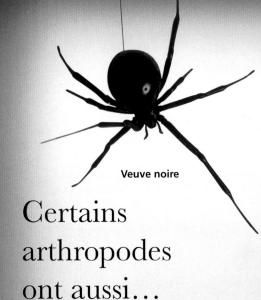

Veuve noire

Certains arthropodes ont aussi…

- plusieurs cerveaux (un principal, des secondaires : pour manger, pour marcher)
- un sang verdâtre
- des organes auditifs au niveau des genoux
- des organes du goût au bout des pattes
- une espérance de vie de quelques semaines… ou de 30 ans
- un corps plus petit qu'un grain de sel ou aussi gros qu'un requin (cette bête-là a disparu, ouf !)

Coccinelle

La **principale** caractéristique *des arthropodes*, c'est que LEUR CORPS EST COMME RETOURNÉ. Les grands animaux, par exemple les chats, les chiens et les êtres humains, ont un **squelette** interne. Celui des arthropodes est *à l'extérieur*. Un peu comme une armure, cet *exosquelette* est un assemblage de plaques rigides reliées par des articulations qui permettent au corps de bouger.

Pour les arthropodes, cet **exosquelette** est le secret de la **réussite**, car il est adaptable. Selon les espèces, certaines parties ont évolué pour devenir des structures aussi différentes que des pinces ou des mâchoires, des ailes ou des dards. Mais il y a un défaut : un exosquelette ne peut pas **grandir**. Les arthropodes doivent donc changer d'armure quand ils grossissent.

Syrphe

Cétoine

Pattes longues, pattes courtes, pattes épaisses, pattes fines, pattes poilues, pattes veloutées

COMBIEN DE

6

6 pattes

C'est probablement un insecte. Ce sont les animaux terrestres les plus nombreux. La plupart ont 6 pattes, 1 paire d'antennes à l'avant, 2 paires d'ailes et un corps divisé en 3 segments : la tête, le thorax (le torse) et l'abdomen (le ventre).

8

8 pattes

C'est probablement un arachnide, comme les araignées, les scorpions, les tiques et autres acariens. Contrairement aux insectes, ils n'ont ni ailes ni antennes et leur corps n'est constitué que de 2 segments. La plupart sont carnivores.

10

...attes piquantes, pattes souples, pattes rigides, pattes fragiles, fausses pattes, pattes cassées

PATTES ?

Il existe tant d'arthropodes différents qu'il est difficile de les identifier. Voici l'astuce : compte les pattes du spécimen que tu observes et tu sauras auquel des quatre groupes il appartient.

10 pattes
C'est probablement un crustacé, par exemple un crabe, un homard ou une crevette. La plupart vivent dans l'eau et respirent grâce à des branchies. Mais ils n'ont pas tous 10 pattes : certains en ont des dizaines, d'autres aucune. Les cloportes, équipés de 14 pattes, sont des crustacés qui vivent sur la terre ferme.

Plein de pattes
C'est probablement un mille-pattes ou myriapode. Le corps long et fin de ces animaux est divisé en un grand nombre de segments, chaque segment étant équipé de pattes. Ne prends pas le mot « mille-pattes » au pied de la lettre : en vérité, ces animaux en ont entre 30 et 750.

30+

0 patte

Pas de pattes
C'est probablement une limace, un escargot ou un ver de terre. Ces créatures rampantes ne sont pas des arthropodes. Elles n'ont ni pattes articulées ni exosquelette. Mais les limaces et les escargots ont bel et bien un pied, oui, un seul : il est si grand qu'il court tout le long de leur corps.

9

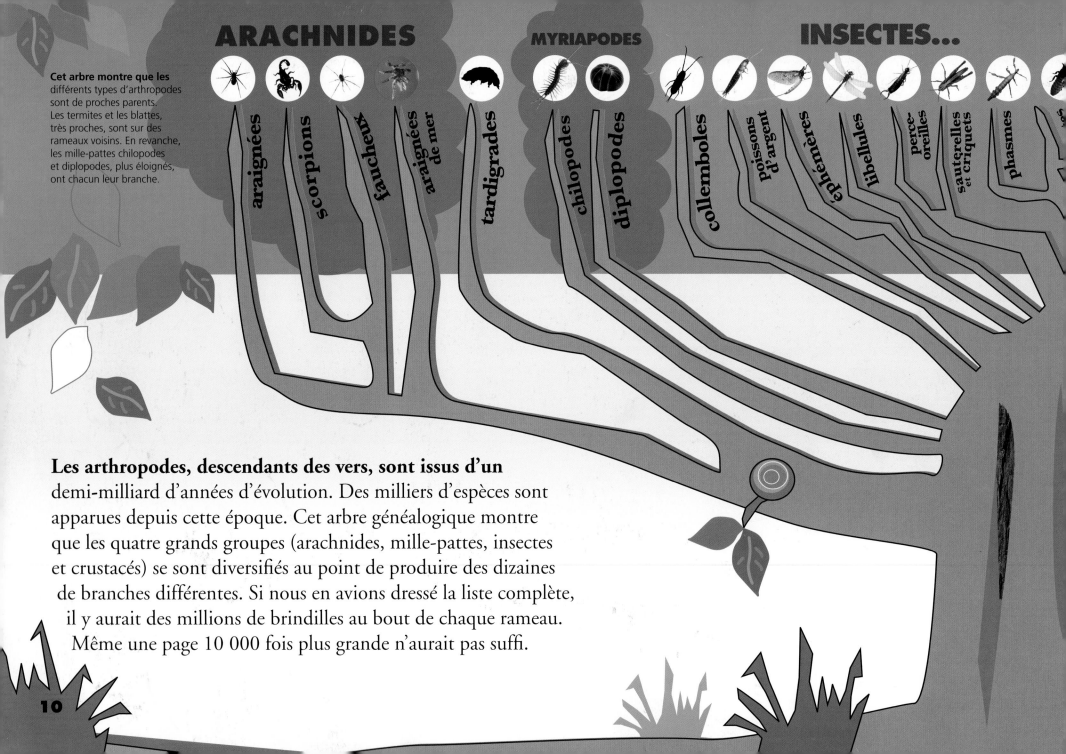

ARACHNIDES

MYRIAPODES

INSECTES...

Cet arbre montre que les différents types d'arthropodes sont de proches parents. Les termites et les blattes, très proches, sont sur des rameaux voisins. En revanche, les mille-pattes chilopodes et diplopodes, plus éloignés, ont chacun leur branche.

araignées

scorpions

faucheux

araignées de mer

tardigrades

chilopodes

diplopodes

collemboles

poissons d'argent

éphémères

libellules

perce-oreilles

sauterelles et criquets

phasmes

Les arthropodes, descendants des vers, sont issus d'un demi-milliard d'années d'évolution. Des milliers d'espèces sont apparues depuis cette époque. Cet arbre généalogique montre que les quatre grands groupes (arachnides, mille-pattes, insectes et crustacés) se sont diversifiés au point de produire des dizaines de branches différentes. Si nous en avions dressé la liste complète, il y aurait des millions de brindilles au bout de chaque rameau. Même une page 10 000 fois plus grande n'aurait pas suffi.

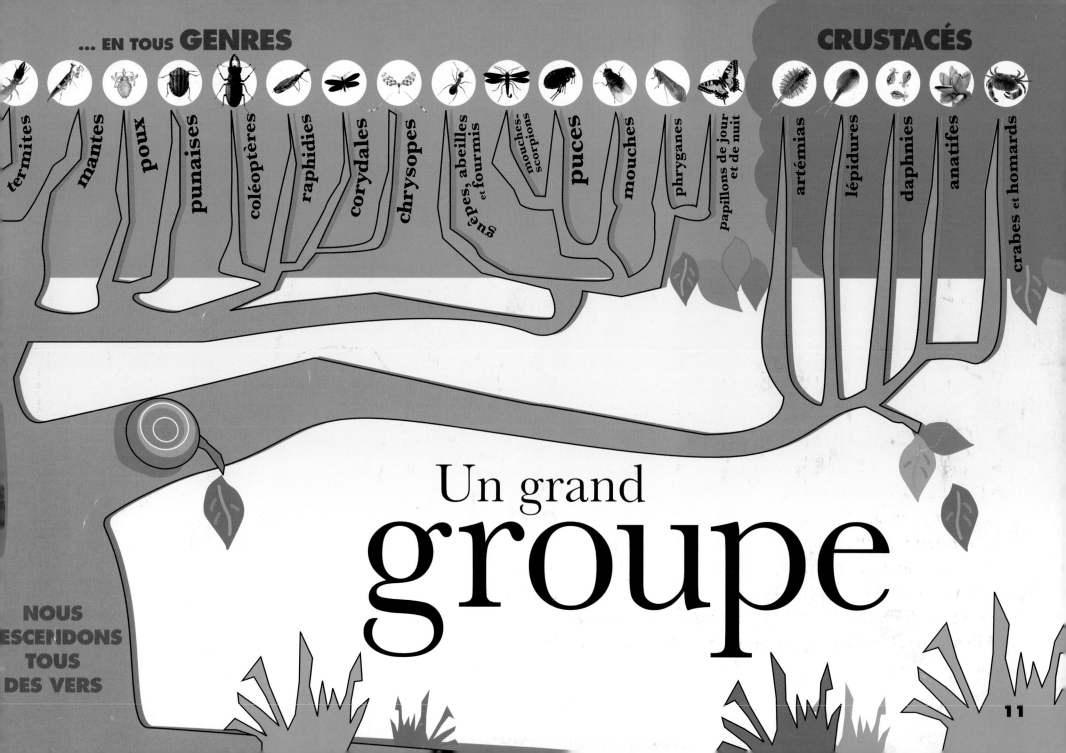

CRUSTACÉS

termites

mantes

poux

punaises

coléoptères

raphidies

corydales

chrysopes

guêpes, abeilles et fourmis

mouches-scorpions

puces

mouches

phryganes

papillons de jour et de nuit

artémias

lépidures

daphnies

anatifes

crabes et homards

Un grand
groupe

**NOUS
DESCENDONS
TOUS
DES VERS**

11

QUI EST LE MAÎTRE DU MONDE?

Si la surface terrestre était répartie en fonction du nombre d'espèces, les arthropodes occuperaient tous les continents sauf l'Amérique du Sud.

Sur terre, plus de **90**%

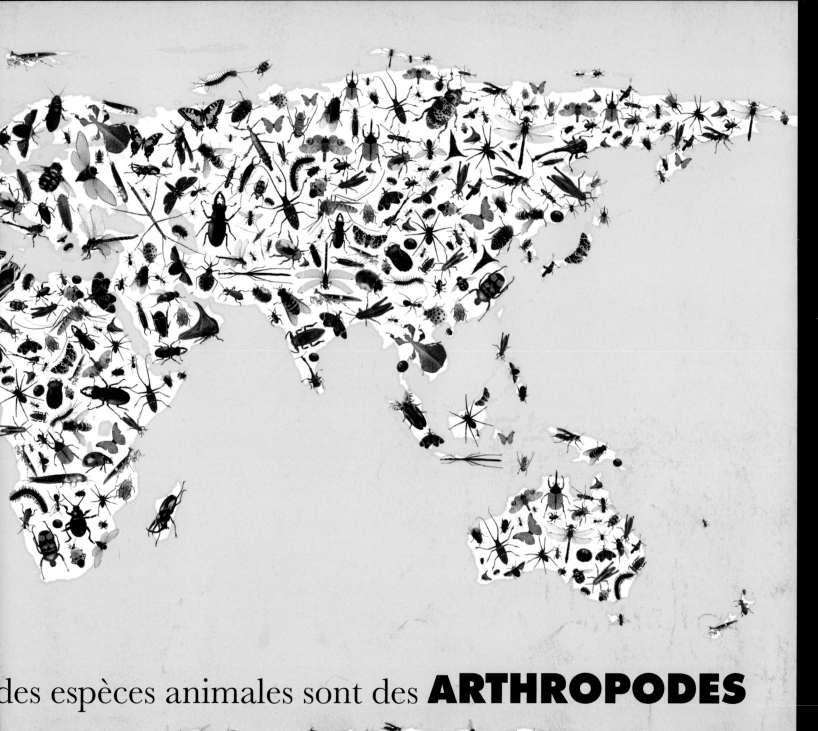

Les **arthropodes**, animaux les plus répandus au monde, ont conquis la *terre*, la *mer* et le *ciel*, et sont chez eux au fond des océans comme au sommet des montagnes. À ce jour, les chercheurs ont identifié environ 1, 2 million d'espèces animales. Neuf sur dix – soit plus d'un million – sont des arthropodes.

Mais nous ne parlons là que des espèces recensées. Un **nombre incalculable** d'espèces attendent toujours d'être découvertes. **Chaque jour**, la liste des arthropodes connus s'enrichit d'environ 25 espèces. Il y a habituellement un délai d'attente d'une quinzaine d'années pour décrire et nommer officiellement une nouvelle espèce. Il est donc probable que leur nombre atteigne **plusieurs millions**.

Les **insectes** sont, de loin, le **plus grand** groupe d'arthropodes avec plus de 900 000 espèces connues. Selon un expert, 120 millions de milliards d'insectes (*d'individus* et non d'espèces) seraient aujourd'hui en vie sur Terre. Autrement dit…

pour chaque être humain, il y a *20 millions* **d'insectes**.

des espèces animales sont des **ARTHROPODES**

Comment les arthropodes ont

1ERS À DOMINER LES MERS

– 520 Ma

En quelques millions d'années, les fonds marins se sont mis à grouiller d'arthropodes comparables à d'énormes cloportes : **les trilobites**, qui y régnèrent pendant près de 300 Ma. Leurs squelettes solides se fossilisèrent par millions. Il reste facile d'en découvrir aujourd'hui.

– 540 Ma

Il y a 540 millions d'années (Ma), la vie sur Terre se limitait essentiellement à des microbes et à des vers du littoral. Au fil du temps, certains vers évoluèrent. Un exosquelette apparut et des pattes poussèrent au niveau de leurs segments : **les arthropodes** étaient nés. Ils allaient conquérir le monde.

Des millions d'années avant l'apparition des requins, les grands prédateurs des mers étaient les arthropodes. L'ennemi juré des trilobites était *Anomalocaris* : cette monstrueuse crevette, plus grande qu'un homme, saisissait ses victimes avec ses longues griffes. Elle faisait régner la terreur sous les mers.

– 505 Ma

Les arthropodes atteignirent peu à peu une taille impressionnante. Le plus grand était **l'euryptéride**, sorte de scorpion de mer de 4 m de long (aussi long qu'un crocodile). Sa queue était hérissée d'une pointe acérée qui lui servait peut-être à injecter du venin.

– 438-408 Ma

– 428 Ma

Il y a 428 Ma, les arthropodes commencèrent à sortir de l'eau. Les premiers êtres qui marchèrent sur la terre ferme étaient des **mille-pattes diplopodes** de 1 cm de long.

1ERS À CONQUÉRIR LES CONTINENTS

– 350 Ma

Il y a 350 Ma, les arthropodes terrestres étaient eux aussi devenus géants. Certains diplopodes atteignaient 2 m de long et quelques scorpions 1 m de long ; la taille d'un gros chien.

– 320 Ma

Les **premières bêtes volantes** furent des insectes. Pourvus de 2 ou 3 paires d'ailes ornées de jolis motifs, ils évoquaient à la fois l'éphémère et la blatte. Ils furent les seuls animaux volants jusqu'à l'apparition des ptérosaures, 100 Ma plus tard.

– 300 M

Des **forêts** luxuriantes s'étendirent pendant le Carbonifère. Les grands arbres offraient un nouvel habitat aux seuls animaux capables d'y grimper. Ainsi, après avoir conquis la mer et la terre, les arthropodes colonisèrent l'air…

Le **poisson d'argent**, insecte rampant apparut il y a 300 Ma. Il n'a pratiquement pas évolué depuis.

PRÉCAMBRIEN CAMBRIEN ORDOVICIEN SILURIEN DÉVONIEN CARBONIFÈRE

Il y a 600 millions d'années (– 600 Ma) **500** **400** **30**

conquis le monde...

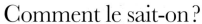

Comment le sait-on ?

Nous avons reconstitué l'histoire des arthropodes en étudiant des fossiles, ces restes d'animaux anciens conservés dans la roche. Les plus beaux ont été trouvés dans l'ambre jaune, une roche issue de résine de pin pétrifiée. Certains insectes ainsi piégés il y a 100 millions d'années sont parfaitement conservés, leurs pattes et leurs ailes intactes, si bien qu'on les croirait morts tout récemment. Ces fossiles nous ont appris que les principaux types d'insectes existaient déjà il y a 90 millions d'années.

Cette mouche fossilisée dans l'ambre est âgée de 40 Ma.

–280 Ma

Il y a 280 Ma, les insectes volants étaient eux aussi devenus des géants. Les libellules géantes ou *Protodonata* faisaient la loi dans le ciel ; elles atteignaient 75 cm d'envergure.

1ERS ÊTRES VOLANTS

–220–209 Ma

Les **guêpes** firent leur apparition à la fin du Trias. Les premières étaient de modestes insectes solitaires. Elles ne formèrent des colonies que plus tard.

–140 Ma

On pense que les premières **puces** piquaient les dinosaures. Elles évoluèrent ensuite pour se nourrir du sang des oiseaux et des mammifères.

–230 Ma

Les **coléoptères** naquirent au Trias, après les dinosaures.

Apparition des **dinosaures**

–207–188 Ma

Les **papillons de nuit** datent du début du Jurassique.

–145–130 Ma

Les **fourmis** apparurent il y a 140 Ma. Elles descendent de guêpes sociales qui avaient cessé de voler.

–92–73 Ma

Les **papillons de jour**, descendants des papillons de nuit, apparurent à la fin du Crétacé.

Et enfin...

L'homme moderne apparut il y a seulement 100 000 ans. Les arthropodes existent donc depuis 5 000 fois plus longtemps que nous.

| PERMIEN | TRIAS | JURASSIQUE | CRÉTACÉ | CÉNOZOÏQUE |

Outre les insectes et les araignées que nous voyons facilement, il existe des milliards d'arthropodes trop petits pour être remarqués. La plupart sont des acariens et des collemboles qui vivent dans la terre et les feuilles en décomposition, où ils se régalent de champignons et de microbes. Un mètre carré de forêt en abrite plus de 1,5 million. À chaque pas dans les bois, tu en écrabouilles plus de 20 000 !

1 m

1 m

700 000 collemboles

70 fourmis

50 cloportes

5000 faucheux

REMARQUE : estimations du nombre maximal d'individus de chaque groupe d'arthropodes présent sur place.

800 000
acariens

10 000
araignées

5 000
pseudoscorpions

20
scarabées

TOTAL DES ARTHROPODES :
1,5 million

Qu'est-ce qu'un insecte ?

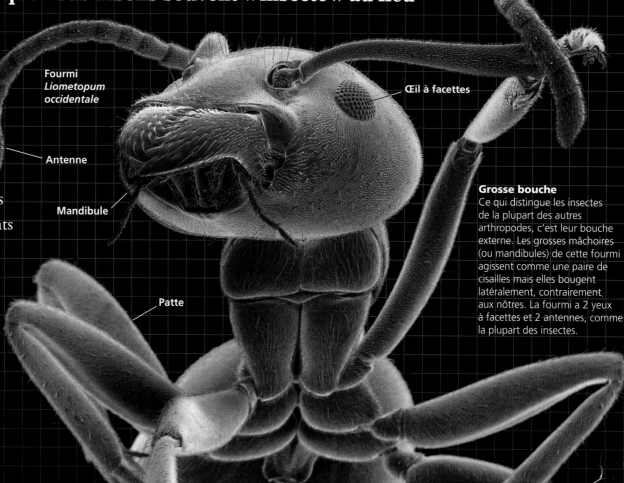

Syrphe

Les insectes sont les arthropodes les plus nombreux et les plus répandus, à tel point que nous disons souvent « insecte » au lieu de dire « arthropode ».

Les insectes doivent leur réussite à une invention géniale : ils volent. Cela leur a permis d'échapper à leurs ennemis et de conquérir divers habitats dès leur apparition. Ils ont transmis à leurs descendants quelques caractéristiques importantes. La plupart des insectes adultes d'aujourd'hui ont 6 pattes, 2 paires d'ailes et un corps constitué de 3 éléments : la tête, le thorax et l'abdomen.

Fourmi
Liometopum occidentale

Antenne

Mandibule

Patte

Œil à facettes

Grosse bouche
Ce qui distingue les insectes de la plupart des autres arthropodes, c'est leur bouche externe. Les grosses mâchoires (ou mandibules) de cette fourmi agissent comme une paire de cisailles mais elles bougent latéralement, contrairement aux nôtres. La fourmi a 2 yeux à facettes et 2 antennes, comme la plupart des insectes.

Pas à pas
En général, les insectes soulèvent leurs pattes 3 par 3. Celles qui restent posées forment un triangle et assurent un bon équilibre. S'ils avaient moins de 6 pattes, les arthropodes ne seraient pas si stables. Cette technique est si efficace que nous nous en sommes inspirés pour fabriquer certains robots.

Tête

Comme chez la plupart des animaux, les principaux organes sensoriels des insectes sont sur la tête. Les antennes tactiles repèrent les objets, et perçoivent aussi les odeurs et les goûts. Les yeux à facettes sont constitués de centaines de petits yeux assemblés.

Thorax

C'est le point d'attache des pattes et des ailes. Chez la plupart des insectes, les 2 paires d'ailes battent simultanément mais, chez la libellule, elles battent alternativement. Les mouches n'ont qu'une paire d'ailes mais cela ne les empêche pas de voler avec précision, y compris en marche arrière ou sur le dos.

Abdomen

Cette zone abrite le système digestif, le cœur (en forme de tube) et les organes sexuels. Certaines femelles sont équipées d'un tube pondeur ; chez l'abeille et la guêpe, ce tube sert également de dard. L'abdomen ne porte jamais de vraies pattes. Celui des chenilles porte des excroissances qui sont de fausses pattes.

Les muscles de vol
Les muscles de vol de certains insectes se trouvent à la base des ailes ; chez d'autres, comme cette guêpe, ils sont attachés au thorax. Cela permet un battement d'ailes plus rapide.

Œil à facettes

Antenne

Torse poilu

Syrphe (syrphidés)

Griffe

Quand on les regarde de près, on s'aperçoit que les insectes sont souvent très poilus. Cela tient au chaud leurs muscles de vol. Les poils de leurs pattes sont aussi des organes sensitifs : ils analysent le goût de ce qu'ils touchent.

QU'AILE EST BELLE !

Les ailes des insectes sont un moyen de s'enfuir, de chercher de la nourriture et de séduire l'âme sœur. *Pour nous,* elles servent de critère de classement et de reconnaissance.

Nervure

Membrane

COMMENT s'y **retrouver ?**

Chez tous les insectes, les ailes sont constituées d'un réseau de nervures couvert d'une fine membrane. Mais, d'une espèce à l'autre, leurs caractéristiques varient beaucoup ; les entomologistes exploitent ces différences pour définir les groupes d'insectes ailés.

UN RECORD !

Le syrphe bat des ailes 1 000 fois par seconde !
C'est aussi l'un des rares insectes qui sait faire du surplace.

Comment les classer ?

Le mot *pteron* signifie « pelage », « aile » ou « plume ». Dans le nom d'un insecte, il veut dire « aile ». Parmi les nombreux groupes d'insectes, les plus importants sont les **coléoptères** (« ailes en étui »), les **hyménoptères** (« ailes en membrane »), les **diptères** (« deux ailes ») et les **lépidoptères** (« ailes écailleuses »). Sans oublier les **orthoptères** aux « ailes droites », ni les **névroptères** aux « ailes nervurées », ni les **plécoptères**, ni…

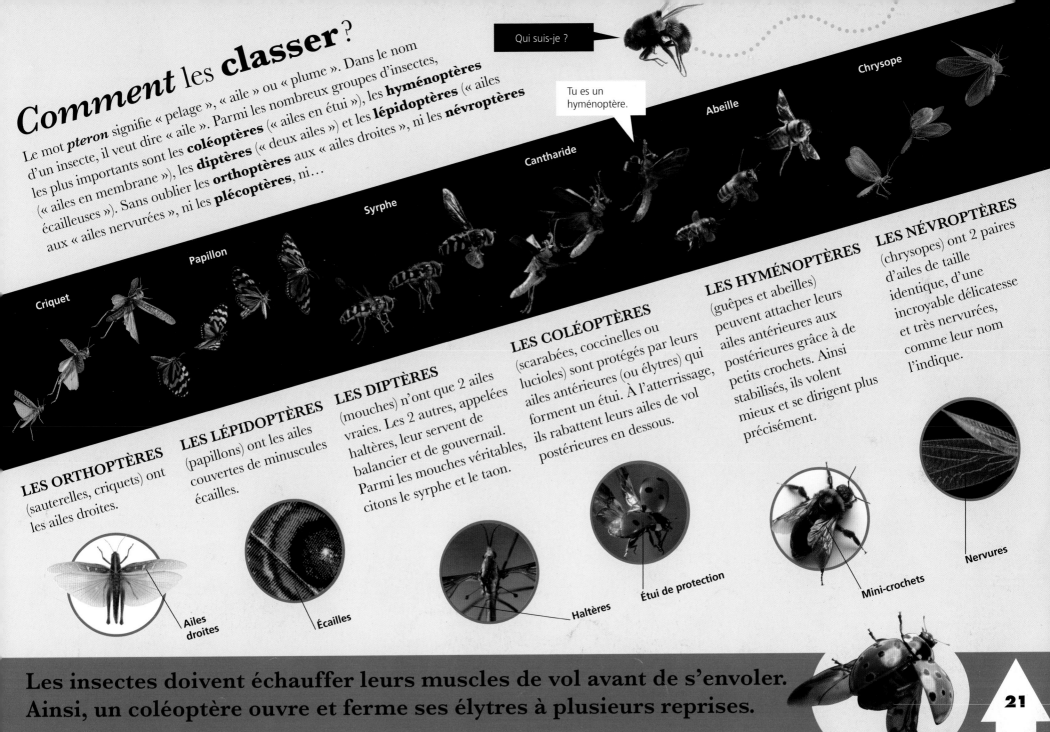

Qui suis-je ?

Tu es un hyménoptère.

Chrysope

Abeille

Cantharide

Syrphe

Papillon

Criquet

LES ORTHOPTÈRES
(sauterelles, criquets) ont les ailes droites.

LES LÉPIDOPTÈRES
(papillons) ont les ailes couvertes de minuscules écailles.

LES DIPTÈRES
(mouches) n'ont que 2 ailes vraies. Les 2 autres, appelées haltères, leur servent de balancier et de gouvernail. Parmi les mouches véritables, citons le syrphe et le taon.

LES COLÉOPTÈRES
(scarabées, coccinelles ou lucioles) sont protégés par leurs ailes antérieures (ou élytres) qui forment un étui. À l'atterrissage, ils rabattent leurs ailes de vol postérieures en dessous.

LES HYMÉNOPTÈRES
(guêpes et abeilles) peuvent attacher leurs ailes antérieures aux postérieures grâce à de petits crochets. Ainsi stabilisés, ils volent mieux et se dirigent plus précisément.

LES NÉVROPTÈRES
(chrysopes) ont 2 paires d'ailes de taille identique, d'une incroyable délicatesse et très nervurées, comme leur nom l'indique.

Ailes droites

Écailles

Haltères

Étui de protection

Mini-crochets

Nervures

Les insectes doivent échauffer leurs muscles de vol avant de s'envoler. Ainsi, un coléoptère ouvre et ferme ses élytres à plusieurs reprises.

Si tu étais un **insecte**, lequel **serais**-tu ?

Sociable?

AIMES-TU la compagnie? Veux-tu **voyager**? Es-tu **travailleur**? Acceptes-tu de faire le ménage, de nourrir des bébés avant d'aller chercher de quoi manger?

Coquet?

ES-TU soucieux de ton aspect? Aimes-tu attirer tous les regards? Veux-tu **éblouir** l'assistance et briller de mille couleurs?

Patient?

SAIS-TU attendre **longtemps** avant d'obtenir ce que tu désires? Apprécies-tu la solitude? Sais-tu t'enfuir bien **vite** quand il le faut?

Mélomane?

AIMES-TU faire des vocalises? Ta **voix** est-elle assez puissante pour porter au loin? Tes voisins aiment-ils t'**entendre** chanter?

LA MANTE RELIGIEUSE
semble immobile mais elle peut frapper en moins d'une seconde.

CERTAINES FOURMIS
sont capables de soulever des objets bien plus lourds qu'elles.

LE BUPRESTE
brille comme un diamant.

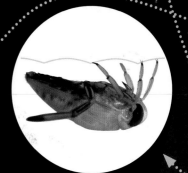

LA NOTONECTE
est capable de « marcher » sous la surface d'une mare.

Réponds à ces questions et tu le sauras !

Costaud ?

ES-TU courageux ? Musclé ?
Saurais-tu **transporter**
un objet plus lourd
que toi sur une longue
distance ?

Noctambule ?

TA PRÉSENCE suffit-elle
à illuminer le lieu où tu te
trouves ? Aimes-tu te coucher
tard ? Sais-tu communiquer
sans bruit ?

Équilibriste ?

Petite idée RENVERSANTE :
que dirais-tu de **marcher**
sous l'eau, la tête en bas ?

Gourmet ?

AS-TU des goûts délicats ou es-tu
prêt à avaler **n'importe quoi** ?
Saurais-tu faire **rouler** une boule
plus grosse que toi pendant des
heures sous la chaleur ?

LA LUCIOLE
sort la nuit et communique en émettant
des éclairs lumineux.

L'ABEILLE OUVRIÈRE
parcourt dans sa vie une distance
valant 3 tours du monde.

LE BOUSIER
déplace des boules d'excréments.
Et il les mange !

LA CIGALE
est l'insecte qui émet le son
le plus puissant.

SI TU ÉTAIS UN INSECTE...

... tes capacités seraient **surhumaines**. Tu escaladerais les murs, tu soulèverais des poids phénoménaux, tu bondirais à des hauteurs incalculables. Tu te demandes pourquoi les insectes sont si puissants ? Tu vas être déçu : en fait, ils ne sont pas si forts que ça. Ils doivent leurs aptitudes étonnantes aux **lois de la physique** combinées à leur petite taille. Imagine que tu rétrécisses de moitié. Ton poids ne serait pas divisé par 2 *mais par 8*. Si tu réduisais encore ta taille de moitié, tu pèserais *64 fois moins* qu'aujourd'hui. Et les forces qui dépendent de la masse, par exemple la puissance nécessaire pour soulever un objet ou pour sauter, seraient elles aussi divisées par 64. Tu n'aurais donc aucun mal à voler et à bondir. Les insectes sont si minuscules qu'une force très faible leur suffit. Mais les choses ne sont pas toujours aussi simples...

Les insectes, épargnés par la pesanteur, sont soumis à d'autres épreuves. L'énergie qui assemble les molécules d'eau, négligeable à nos yeux, est plus forte à l'échelle des insectes. Elle forme, à la surface de l'eau, une sorte de pellicule sur laquelle ils peuvent marcher. Pour eux, la moindre goutte est une montagne instable.

Quand on est menacé par des gouttes d'eau plus grosses que soi, il est prudent de faire comme les mouches. Elles se laissent pousser latéralement par la minuscule poche d'air qui entoure chaque goutte, et l'eau passe donc à côté d'elles à chaque fois. Mais surtout, elles évitent de voler sous la pluie !

Imagine que tu es bombardé de gouttes de pluie plus lourdes que toi. C'est ce qui arrive aux insectes, et pourtant, ils ne s'en portent pas plus mal : les gouttes sont trop légères pour causer un choc douloureux.

Pour se protéger de l'effet collant de l'eau, les insectes sont imperméabilisés par une couche de cire. Sans elle, la moindre gouttelette serait un piège mortel.

Le meilleur sauteur de tous les insectes, c'est la puce du chat, capable d'atteindre une hauteur de 140 fois sa taille. Pour toi, l'équivalent serait que tu atterrisses sur le toit d'un immeuble de 45 étages.

Gravir un mur vertical, c'est facile quand on ne pèse presque rien ! La force d'adhésion, qui fixe les pattes du grimpeur sur le mur, est supérieure à la gravité, qui l'attire vers le sol.

Là où les hommes ont besoin d'un parachute pour survivre, les insectes atterrissent en douceur, quelle que soit la hauteur de leur chute. Trop légers pour tomber vite, ils touchent terre sans heurt.

L'animal le plus puissant du monde (par rapport à sa taille) est le scarabée rhinocéros : il soulève une charge égale à 850 fois son propre poids. C'est comme si tu soulevais un tank de 40 tonnes ou un tas de 10 éléphants. Ce n'est possible que parce que le rhinocéros est minuscule.

Les fourmis traînent des charges atteignant 1 700 fois leur poids. C'est comme si tu remorquais un navire de 85 tonnes sur la terre ferme. Grâce à leur exosquelette, les insectes peuvent exploiter des forces hydrauliques pour soulever de lourdes charges.

Aucun être humain n'a jamais réussi à soulever plus de 3 fois son poids.

25

TÊTE EN BAS

As-tu déjà observé une mouche ou un autre insecte gravir un mur puis marcher au plafond? Tu rêves d'en faire autant, n'est-ce pas? Comment ces petites bêtes résistent-elles aux lois de la gravité?

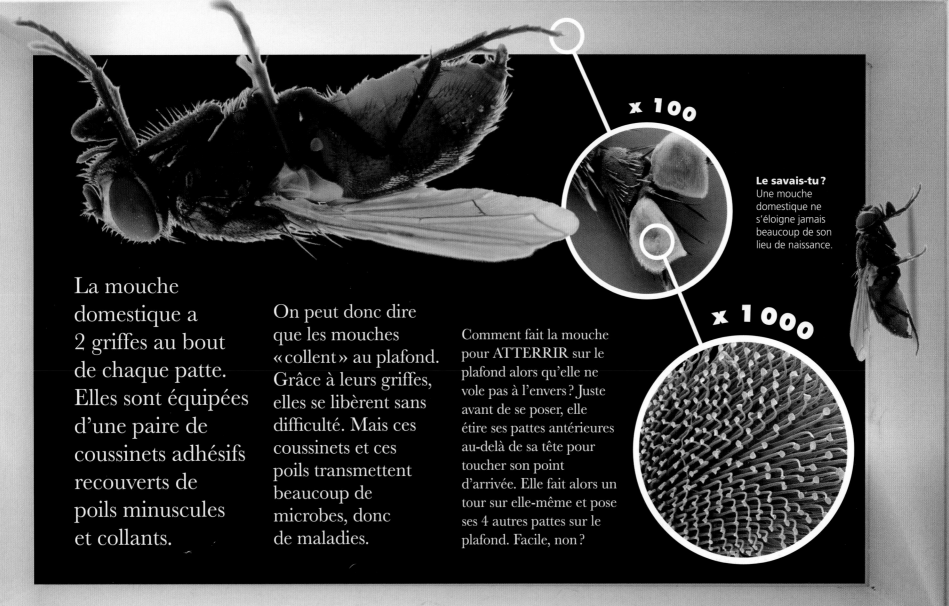

x 100

x 1000

Le savais-tu ?
Une mouche domestique ne s'éloigne jamais beaucoup de son lieu de naissance.

La mouche domestique a 2 griffes au bout de chaque patte. Elles sont équipées d'une paire de coussinets adhésifs recouverts de poils minuscules et collants.

On peut donc dire que les mouches «collent» au plafond. Grâce à leurs griffes, elles se libèrent sans difficulté. Mais ces coussinets et ces poils transmettent beaucoup de microbes, donc de maladies.

Comment fait la mouche pour ATTERRIR sur le plafond alors qu'elle ne vole pas à l'envers ? Juste avant de se poser, elle étire ses pattes antérieures au-delà de sa tête pour toucher son point d'arrivée. Elle fait alors un tour sur elle-même et pose ses 4 autres pattes sur le plafond. Facile, non ?

Qu'y a-t-il à l'intérieur d'un insecte ?

Le squelette des insectes est externe et non interne. Dans le corps humain, les os sont entourés par les muscles ; seuls la cage thoracique et le crâne entourent certains organes. Comment le corps d'un insecte est-il aménagé ?

Observons un criquet

Comme nous, les insectes mangent, digèrent, respirent, font circuler leur sang et analysent l'environnement grâce à leurs organes. Et tout cet équipement tient dans leur corps minuscule !

Tête
Le cerveau, derrière les yeux, est la salle de contrôle de l'insecte.

Estomac
Les aliments y sont grossièrement broyés.

Cœur
Il se trouve au milieu du corps. Il envoie le sang dans tout le corps.

Système nerveux
Les centres nerveux sont reliés à la chaîne nerveuse centrale, qui transmet des messages aux muscles.

Ganglion
Un ganglion est un groupe de cellules nerveuses. Les insectes en ont plusieurs. Celui-ci commande la bouche.

Intestin antérieur
Chez certains insectes, l'intestin antérieur broie les aliments mieux que l'estomac.

Ovaires
Les œufs fécondés traversent un tube pour être déposés dans un sol souple et humide.

Sauterelles et criquets sont tous des orthoptères. Il en existe au moins 20 000 espèces ! Nous n'en voyons ici que quelques exemples.

Criquet

Criquet

Criquet

Criquet

Criquet

Criquet

Intestin
Il élimine les déchets et
transmet les nutriments
à l'organisme.

Anus
Les déchets sont
ensuite évacués par
l'anus sous forme
de petites crottes.

Sur cette image agrandie,
on voit que l'exosquelette
de l'insecte est percé
d'une multitude de
trous : les stigmates.

Le criquet a des
pattes postérieures
si puissantes qu'il
peut faire un saut de
50 fois sa longueur.

Stigmate

Trachée

Nerf
Les nerfs assurent
la circulation des
informations entre
le cerveau et le corps.

Qu'est-ce qu'un stigmate ?

Les mammifères inhalent de l'oxygène
et rejettent du dioxyde de carbone
grâce à leurs poumons. Les insectes
n'ont pas de poumons. Ils absorbent
l'oxygène grâce à des tuyaux : les
trachées. Les stigmates sont les trous
qui relient les trachées à l'air extérieur.

Pour atteindre la trachée, l'air entre
par les stigmates de l'exosquelette.

Les orthoptères ont de longues pattes postérieures. Certains ont des épines qui leur servent à rester
propres ou à se défendre. Si, un jour, la patte d'un orthoptère te pique, tu constateras que c'est douloureux !

Sauterelle

Criquet

Criquet

Criquet

Criquet

Œil DE velours

ou *œil de lynx?*

Combien d'yeux ont les insectes ?

Beaucoup en ont 2 mais certains en ont 5 !
Ainsi, les abeilles mellifères, les sauterelles et
les libellules ont deux yeux à facettes et 3 yeux
simples, ou ocelles, qui détectent la lumière
et le mouvement. Les yeux à facettes examinent
l'environnement dans les moindres détails.

Les yeux des insectes ne sont pas
aussi précis que les nôtres. Si nous
avions des yeux à facettes, ils devraient
être 50 fois plus gros pour que nos
capacités visuelles restent les mêmes.

LES INSECTES N'ONT PAS DE PAUPIÈRES. ILS NETTOIENT LEURS

L'œil à facettes

Nous ne pouvons pas dire comment les insectes voient le monde, mais nous avons étudié leurs yeux et nous pouvons donc supposer qu'ils ne le voient pas comme nous. L'être humain perçoit l'extérieur grâce à 2 yeux équipés chacun d'un cristallin. Chez la plupart des insectes, les yeux sont constitués de milliers de facettes. Chacune d'elles transmet au cerveau une image légèrement différente.

Chaque facette est hexagonale.

Un œil à facettes compte des centaines (parfois des milliers) de minuscules surfaces. Chacune est disposée selon un angle particulier ; ainsi, les insectes détectent le moindre mouvement mais ils analysent moins bien les détails.

Un insecte prédateur ne voit sa proie que si elle bouge, même si elle est juste devant lui !

Poil aux yeux !
Les yeux des abeilles sont poilus. Quand ils sont sales, elles doivent les peigner !

Les boules !
Grâce à leurs gros yeux ronds, les libellules repèrent leurs proies tout en volant.

Pas dans la poche !
Les yeux de la mouche malaise (*Cyrtodiopsis dalmanni*) sont placés au bout d'un pédoncule de 5 mm de long.

YEUX EN LES FROTTANT AVEC LEURS PATTES ANTÉRIEURES.

Voyons les choses en GRAND !

Un coléoptère, ça ?

Les charançons sont des coléoptères. C'est même le groupe le plus nombreux, avec plus de 48 000 espèces connues. Celui-ci, avec ses belles couleurs, est un *Eupholus bennetti* de Papouasie-Nouvelle-Guinée.

Un insecte à problèmes

Au bout de sa trompe (le rostre), le charançon est armé de mâchoires dont il sait très bien se servir… Il cause d'énormes dégâts dans les cultures car il dévore toutes les parties des plantes : feuilles, fleurs, graines et fruits.

EUPHOLUS BENNETTI MESURE À PEINE PLUS DE 2,5 CM.

POUR LES **GOURMANDS**…

Les invertébrés sont un régal pour presque tous les peuples du monde : toi-même, tu as peut-être dégusté *du homard, des crevettes, des huîtres, des écrevisses, du crabe ou d'autres fruits de mer ?* On peut aussi **cuire des insectes et des araignées**, ce qui n'est guère différent. Cette pratique porte même un nom : c'est **L'ENTOMOPHAGIE**.

LA FOURMI, C'EST exquis ! La cigale, un régal ! Et le ver **de** terre ? C'est le DESSERT !

Les Amérindiens mangeaient plusieurs sortes d'insectes, dont les chenilles. L'entomophagie a presque disparu en Amérique du Nord (et en Europe).

À **Bogotá**, en **COLOMBIE**, l'abdomen de fourmi parasol rôti remplace le pop-corn à l'entrée des cinémas.

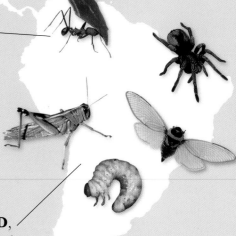

En **AMÉRIQUE DU SUD**, on se régale de cigales, mygales grillées, criquets à pattes rouges, fourmis et larves de scarabées.

34

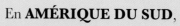

Au **GHANA**,
les termites ailés
sont frits, rôtis
ou transformés
en pâte à pain.

En **AFRIQUE**, les
termites apportent un
complément de protéines
à la semoule.

En **CHINE**, les nymphes
de ver à soie (une fois
la soie retirée) sont un
mets très recherché.

Au **JAPON**,
on fait revenir les larves
de mouches dans un fond
de sauce soja sucrée.

En **NOUVELLE-GUINÉE**
et en Australie, les larves
et les fourmis vivantes ont
longtemps fait le bonheur
des peuples de la brousse.

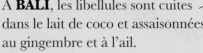

Si tu vas au marché
en **THAÏLANDE**,
tu pourras acheter des
sachets d'insectes frits.

En **AFRIQUE DU SUD**,
le ver du mopane, grosse
chenille qui peut atteindre
10 cm de long, a permis de
créer une véritable industrie.

À **BALI**, les libellules sont cuites
dans le lait de coco et assaisonnées
au gingembre et à l'ail.

Pourquoi ? TOUS CES GENS MANGENT DES INSECTES ET DES
ARAIGNÉES parce qu'ils aiment ça. (Les insectes frits ressemblent au bacon
bien croquant.) C'est aussi une bonne source de vitamines et de sels minéraux.

Près de **80%** de la population mondiale **mange des insectes** tous les **jours.**

Les hommes dégustent régulièrement quelque 12 000 espèces d'insectes, le plus souvent cuits.

Sucettes au grillon

Vers de farine vivants

C'est nourrissant ! Ça croque sous la dent !

Les insectes ont du goût et ils sont nourrissants, à condition de savoir les choisir pour éviter les espèces toxiques. L'exosquelette est souvent ferme sous la dent !

De gauche à droite : brochettes de sauterelles, vers de farine au fromage et pupes grillées.

Les bonnes raisons de manger des insectes ne manquent pas.
Ils ont du goût et sont bons pour la santé. Certains sont toxiques (ne va pas avaler n'importe lequel !) mais, si tu choisis bien, les sauterelles t'apporteront une bonne dose de calcium et les termites renforceront ta réserve de fer. Chez moi, en Thaïlande, on vend des sachets d'insectes frits. Sers-toi donc, et bon appétit !

Sauté
de vers de farine au piment

Les vers de farine sont riches en protéines. Et surtout, ils ont un goût unique…

Pour 2 personnes
Ingrédients :

2 poignées de vers de farine
1 oignon émincé
1 piment rouge frais émincé
1 cuillerée à café d'huile de sésame
Un filet de tamari ou de sauce soja

Attention : avant de commencer, lis attentivement les conseils du chef sur la page de droite.

Préparation :

Verse un filet d'huile dans un wok bien chaud. Fais revenir l'oignon et le piment, puis verse l'huile de sésame et le tamari. Au bout d'une minute, ajoute les vers de farine. Fais sauter pendant 2 minutes puis sers accompagné de légumes chinois et de riz à l'eau.

Larves d'abeilles à la crème de coco *(Mang Non Won), Thaïlande*

Pour 2 personnes
Ingrédients :

2 poignées de larves comestibles
1 petit oignon émincé
2 feuilles de citronnier
30 cl de crème de
noix de coco
Riz

Larves comestibles

Oignons émincés

Feuilles de citronnier

Crème de coco

Riz

Mélange la crème de coco, l'oignon et les feuilles de citronnier. Sale et poivre à volonté. Ajoute les larves d'abeilles, couvre et laisse mariner 3 à 4 heures au réfrigérateur.

Enveloppe chaque portion dans un carré de lin noué bien serré et cuis à la vapeur.

Rince le riz et cuis-le 10 minutes à l'eau bouillante. Sers-le avec les larves. Bon appétit !

Les conseils du chef

Avant de les cuisiner,
laisse reposer les larves
dans le freezer pendant
48 heures. Rince-les
ensuite à l'eau fraîche.

Champignon comestible *(Cordyceps sinensis)*

Petite gourmandise

Ces bouchées croquantes sont des
chenilles tuées par un champignon
qui a envahi leur corps. On les déguste
en Chine depuis plus de 2 000 ans.

M'AS-TU *vu* ?

TU NE ME VERRAS PLUS!
LES INSECTES SONT LES
ROIS DU DÉGUISEMENT!
IL FAUT DIRE QU'ILS NE
VEULENT SURTOUT PAS
FINIR CROQUÉS TOUT
CRUS. CHERCHE-LES BIEN!

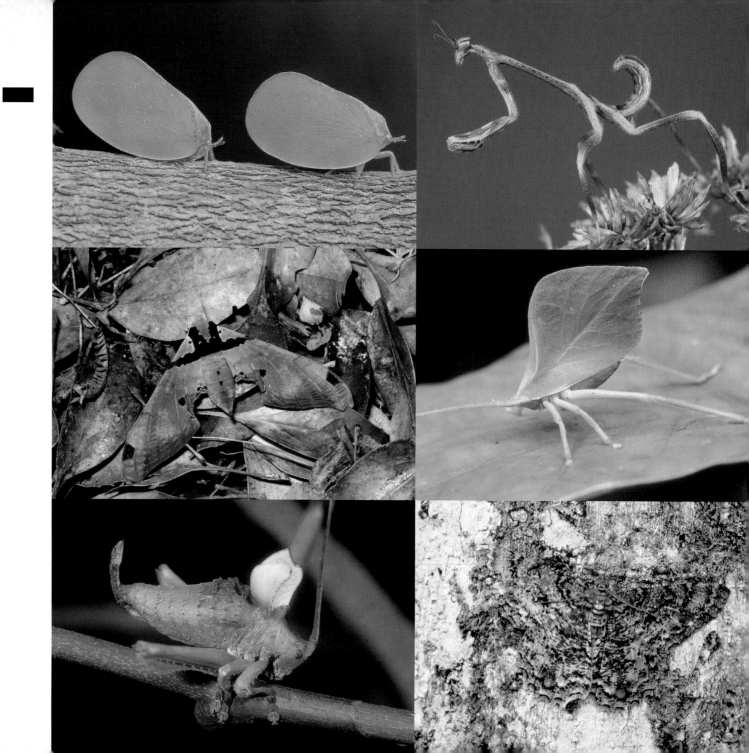

EN HAUT : punaise, mante, papillon de nuit, phasme, insectes épineux

AU MILIEU : sphinx, sauterelle-feuille, sauterelle-feuille, phyllie

EN BAS : sauterelle-feuille, géomètre, mante orchidée, cigale épineuse, phasme

JE SUIS UNE SAUTERELLE-FEUILLE
DU COSTA RICA CACHÉE DANS LE LICHEN

JOUONS UN PEU : TOP TRUMPS Bugs

Libellule

Æschne bleue
(Aeshna cyanea)

Les libellules sont les insectes qui volent le plus vite. Très habiles, elles saisissent en plein vol les proies dont elles se régalent : abeilles et moustiques, par exemple.

NOMBRE D'ESPÈCES	2 900
ENVERGURE	15 CM MAX.
VITESSE	58 KM/H MAX.
PROGÉNITURE	100 MAX.
FACETTES	60 000 MAX.
POINTS TUEURS	7

Mygale

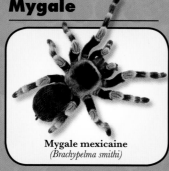

Mygale mexicaine
(Brachypelma smithi)

Cette araignée géante peut être plus grosse qu'une assiette. Elle tue un oiseau ou une souris d'un coup de crochets. Son venin n'est pas mortel pour l'homme.

NOMBRE D'ESPÈCES	850
ENVERGURE	30 CM MAX.
VITESSE	6 KM/H MAX.
PROGÉNITURE	6 000 MAX.
YEUX	8 MAX.
POINTS TUEURS	9

Papillon de jour

Ornithoptère de la reine Alexandra
(Ornithoptera alexandrae)

Les papillons se défendent grâce à leur camouflage, leurs yeux factices et à des poisons d'origine végétale. Ce sont les animaux qui perçoivent le plus de couleurs.

NOMBRE D'ESPÈCES	20 000
ENVERGURE	28 CM MAX.
VITESSE	25 KM/H MAX.
PROGÉNITURE	500 MAX.
FACETTES	4 000 MAX.
POINTS TUEURS	2

Diplopode

Polydesme
(Polydesmus)

Ces herbivores se déplacent lentement. Devant l'ennemi, ils se roulent en une boule assez dure et certains sécrètent des toxines comme le cyanure.

NOMBRE D'ESPÈCES	10 000
LONGUEUR	26 CM MAX.
VITESSE	2 KM/H MAX.
PROGÉNITURE	500 MAX.
FACETTES	200 MAX.
POINTS TUEURS	3

Coléoptère

Sagra buqueti

Un insecte sur trois est un coléoptère : c'est le type d'arthropodes le plus abondant. Armes de défense : ses mâchoires, tranchantes comme des couperets, et des jets de cyanure.

NOMBRE D'ESPÈCES	370 000
LONGUEUR	16 CM MAX.
VITESSE	20 KM/H MAX.
PROGÉNITURE	3 000 MAX.
FACETTES	25 000 MAX.
POINTS TUEURS	4

Mouche

Mouche tsé-tsé
(Glossina morsitans)

Les mouches ont 2 ailes (et non 4) mais ce sont des acrobates hors pair. En se nourrissant de sang, elles peuvent propager des maladies mortelles.

NOMBRE D'ESPÈCES	122 000
LONGUEUR	8 CM MAX.
VITESSE	40 KM/H MAX.
PROGÉNITURE	3 000 MAX.
FACETTES	4 000 MAX.
POINTS TUEURS	7

Mante

Mante religieuse *(Mantis religiosa)*

La mante chasse à l'affût : quand sa proie est proche, elle la saisit et la décapite d'un coup de mandibules. Elle a un organe auditif au centre du thorax.

NOMBRE D'ESPÈCES	2 000
LONGUEUR	17 CM MAX.
VITESSE	15 KM/H MAX.
PROGÉNITURE	1 800 MAX.
FACETTES	20 000 MAX.
POINTS TUEURS	6

Scorpion

Scorpion impérial
(Pandinus imperator)

Les scorpions attaquent avec leurs pinces et se défendent avec leur queue piquante. Le venin de certaines espèces peut paralyser le cœur d'un homme.

NOMBRE D'ESPÈCES	1 400
LONGUEUR	17 CM MAX.
VITESSE	10 KM/H MAX.
PROGÉNITURE	1 500 MAX.
YEUX	12 MAX.
POINTS TUEURS	10

Guêpe

Guêpe germanique
(Vespula germanica)

Grâce à leur dard, les guêpes paralysent des insectes pour les dévorer ou pondre dans leur corps. Elles peuvent piquer plusieurs fois de suite.

NOMBRE D'ESPÈCES	130 000
LONGUEUR	7 CM MAX.
VITESSE	30 KM/H MAX.
PROGÉNITURE	100 000 MAX.
FACETTES	10 000 MAX.
POINTS TUEURS	9

Abeille

Bourdon
(Bombus terrestris)

Elles sont moins agressives que les guêpes mais les attaques de certaines abeilles mellifères peuvent tuer un homme. Elles meurent après avoir piqué.

NOMBRE D'ESPÈCES	20 000
LONGUEUR	5 CM MAX.
VITESSE	25 KM/H MAX.
PROGÉNITURE	3 000 000 MAX.
FACETTES	20 000 MAX.
POINTS TUEURS	9

Punaise

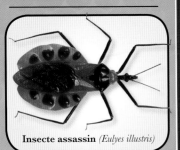

Insecte assassin *(Eulyes illustris)*

Les punaises sucent la sève des plantes ou le sang des animaux. *Eulyes illustris* tue les insectes en leur injectant un venin paralysant.

NOMBRE D'ESPÈCES	82 000
LONGUEUR	10 CM MAX.
VITESSE	15 KM/H MAX.
PROGÉNITURE	1 000 MAX.
FACETTES	1 406 MAX.
POINTS TUEURS	6

Fourmi

Fourmi des bois *(Formica)*

Les fourmis sont organisée en colonies. Les plus redoutables sont les fourmis légionnaires et les magnans, qui forment des colonnes tuant tout sur leur passage.

NOMBRE D'ESPÈCES	12 000
LONGUEUR	7 CM MAX.
VITESSE	15 KM/H MAX.
PROGÉNITURE	3 500 000 MAX.
FACETTES	2 000 MAX.
POINTS TUEURS	8

Araignée sauteuse

Saltique *(Salticus)*

Elle chasse comme un chat. Grâce à sa vue exceptionnelle, elle poursuit sa proie jusqu'à ce qu'elle lui bondisse dessus et la tue. Elle peut faire un saut de 30 fois sa longueur.

NOMBRE D'ESPÈCES	5 000
ENVERGURE	16 MM MAX.
VITESSE	10 KM/H MAX.
PROGÉNITURE	700 MAX.
YEUX	8 MAX.
POINTS TUEURS	6

Sauterelle

Sauterelle des caves *(Pholeogryllus geertsi)*

Les antennes des sauterelles sont très longues. Pour striduler, elles frottent leurs ailes (et non leurs pattes comme les criquets). Plus il fait chaud, plus elles chantent.

NOMBRE D'ESPÈCES	4 000
LONGUEUR	20 CM MAX.
VITESSE	10 KM/H MAX.
PROGÉNITURE	3 000 MAX.
FACETTES	2 000 MAX.
POINTS TUEURS	2

Criquet

Criquet pèlerin *(Schistocerca gregaria)*

La plupart des criquets sont herbivores. Les essaims de criquets pèlerins détruisent des récoltes entières.

NOMBRE D'ESPÈCES	8 500
LONGUEUR	10 CM MAX.
VITESSE	20 KM/H MAX.
PROGÉNITURE	2 000 MAX.
FACETTES	4 000 MAX.
POINTS TUEURS	3

Blatte

Blatte américaine *(Periplaneta americana)*

Très résistantes, les blattes peuvent jeûner un mois, cesser de respirer 45 minutes et, une fois décapitées, rester vivantes pendant une semaine.

NOMBRE D'ESPÈCES	4 000
LONGUEUR	10 CM MAX.
VITESSE	15 KM/H MAX.
PROGÉNITURE	3 000 MAX.
FACETTES	4 000 MAX.
POINTS TUEURS	4

Cloporte

Cloporte *(Armadillidium vulgare)*

Les cloportes sont des crustacés adaptés à la vie sur terre. Ils aiment les recoins humides où ils mangent des plantes en décomposition.

NOMBRE D'ESPÈCES	4 000
LONGUEUR	3 CM MAX.
VITESSE	1 KM/H MAX.
PROGÉNITURE	1 000 MAX.
FACETTES	80 MAX.
POINTS TUEURS	3

Demoiselle

Caloptéryx éclatant *(Calopteryx splendens)*

Plus fine que la libellule, la demoiselle replie ses ailes quand elle se pose. Elle passe la première partie de sa vie dans l'eau.

NOMBRE D'ESPÈCES	2 200
ENVERGURE	17 CM MAX.
VITESSE	30 KM/H MAX.
PROGÉNITURE	300 MAX.
FACETTES	30 000 MAX.
POINTS TUEURS	6

Araignée tisseuse

Veuve noire *(Latrodectus mactans)*

Les araignées tisseuses capturent et achèvent leurs proies dans une toile collante. Une morsure de veuve noire peut être mortelle pour l'homme.

NOMBRE D'ESPÈCES	2 200
ENVERGURE	6 CM MAX.
VITESSE	3 KM/H MAX.
PROGÉNITURE	3 000 MAX.
YEUX	8 MAX.
POINTS TUEURS	9

Papillon de nuit

Bombyx promethea *(Callosamia promethea)*

Loin d'être petits et ternes, certains papillons de nuit sont spectaculaires. Le bombyx trompe les oiseaux qui l'attaquent grâce à de faux yeux au bout de ses ailes.

NOMBRE D'ESPÈCES	150 000
ENVERGURE	30 CM MAX.
VITESSE	40 KM/H MAX.
PROGÉNITURE	500 MAX.
FACETTES	16 000 MAX.
POINTS TUEURS	2

90 %
des espèces animales sont des insectes.
Un tiers des insectes sont des
coléoptères

Il existe plus d'espèces de coléoptères que de végétaux.

Comment définir un coléoptère ?

Les coléoptères sont des insectes puisqu'ils ont 6 pattes et un corps constitué de 3 segments. La plupart disposent aussi de 2 paires d'ailes dont l'une, rigide, protège la paire qui sert à voler. Il existe plus de 370 000 espèces de coléoptères.

Le spécialiste des coléoptères s'appelle un coléoptériste.

On trouve des coléoptères partout sur Terre, sauf dans les océans et les régions polaires.

46

Comment **ce** scarabée a-t-il sauvé **L'AUSTRALIE ?**

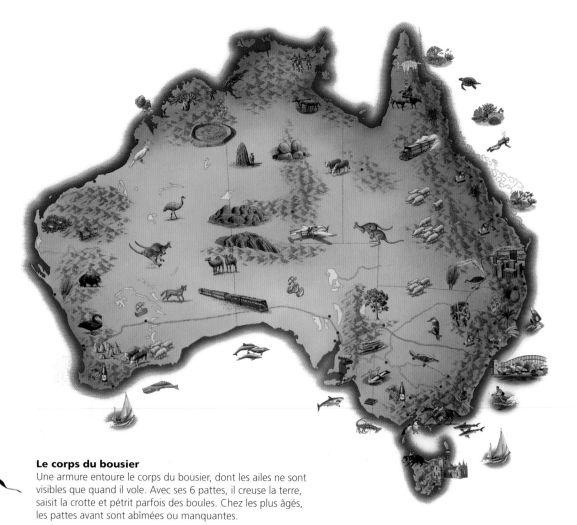

Rouleurs, tunneliers et sédentaires

On connaît plus de 5 000 espèces de scarabées bousiers. Les rouleurs de boule – les plus évolués – emportent chez eux une boule de crotte pour s'en nourrir ou pour y pondre. Les tunneliers enterrent leur boule et aménagent leurs galeries en dessous. Quant aux sédentaires, ils s'installent n'importe où, pourvu qu'il y ait du fumier.

Dans la fange jusqu'aux genoux…

Nous y serions si les bousiers n'existaient pas. Ils nettoient la surface de la planète et recyclent si bien les excréments qu'ils fertilisent la terre. En détruisant les crottes avant que les mouches n'y pondent, ils limitent la prolifération des mouches, donc des épidémies. Enfin, ils creusent des trous qui aèrent le sol et réduisent les risques d'inondation.

Le scarabée sacré

Chez les Égyptiens anciens, le scarabée (c'est plus poétique que « bousier ») était associé au dieu Khépri, qui faisait rouler le soleil au-dessus de la Terre chaque matin comme un scarabée roule sa boule de crotte.

Le corps du bousier

Une armure entoure le corps du bousier, dont les ailes ne sont visibles que quand il vole. Avec ses 6 pattes, il creuse la terre, saisit la crotte et pétrit parfois des boules. Chez les plus âgés, les pattes avant sont abîmées ou manquantes.

Bouse

Veau

Quand les *colons* européens **débarquèrent** en Australie, ils y découvrirent beaucoup de bêtes inconnues. Mais il n'y avait pas de **vaches** et ils en firent *venir* de CHEZ EUX pour en élever dans leurs fermes. Hélas, la **bouse de vache** est nettement plus molle et humide que les modestes crottins des kangourous et autres **grands** animaux locaux. Les **bousiers** australiens, incapables de l'éliminer, la laissaient sur place. En 1966, les hommes comprirent que, s'ils n'agissaient pas, **l'Australie** finirait engloutie sous cette bouse qu'aucun animal ne RECYCLAIT. Ils firent donc venir des **bousiers** des quatre coins du monde pour les acclimater. Dans les **années quatre-vingt**, quelques espèces s'étaient bien *adaptées*, au point de faire *disparaître* les bouses de vache dans toutes les fermes.

Voilà comment les bousiers ont fait basculer le destin d'un pays!

Kangourou

Bousiers

49

Quel rôle cet insecte a-t-il **joué**
dans **l'histoire politique** de
l'Europe**?**

Cochenille grandeur nature

Les grands de ce monde portent des habits rouges.

Qu'est-ce qu'une cochenille ?

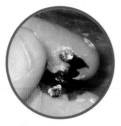

La cochenille
(Dactylopius coccus)
est un petit insecte
des régions tropicales
et subtropicales
du Mexique et
d'Amérique du Sud.
Elle loge sur les cactus.

Elle sécrète un acide
destiné à empêcher les
insectes de la dévorer.
Une fois extrait du
corps ou des œufs de
la cochenille, cet acide
donne un pigment
rouge carmin.

De nos jours,
ce pigment sert
de colorant
alimentaire. Il est
de plus en plus
prisé face aux
colorants artificiels,
jugés dangereux.

Le rouge parfait

Depuis des milliers d'années, le rouge est l'une des couleurs les plus appréciées dans le monde. Selon les cultures, il symbolise le danger, le courage, la passion, la violence ou la beauté. Toutefois, si les hommes ont toujours vu autour d'eux une palette de tons rouges – qu'il s'agisse de fleurs, d'insectes, de sang ou de braise –, ils ont mis longtemps à imiter cette couleur. Pendant des siècles, les artistes et teinturiers d'Europe tentèrent en vain de reproduire le rouge parfait. Jusqu'au XVIe siècle, les rouges les plus vifs provenaient d'un insecte, le kermès. Certaines peintures rupestres de France, les manuscrits de la mer Morte et les toiles des momies égyptiennes étaient teintés au kermès. Mais cette couleur est plus plate et plus terne que les rouges naturels.

Cependant, dès le XIVe siècle, les Incas et les Aztèques du Mexique surent exploiter un minuscule insecte, la cochenille, pour produire une extraordinaire teinture rouge aussi précieuse que l'or. Vers 1520, les conquistadors espagnols la remarquèrent sur les marchés aztèques. Ils en découvrirent le secret de fabrication et purent alors exporter vers l'Europe de quoi produire la teinture rouge la plus vive que l'on eût jamais vue. Ce fut un succès immédiat. Le rouge devint la couleur des habits des rois et des aristocrates et les Espagnols s'enrichirent en vendant du carmin dans le monde entier.

Ils gardèrent jalousement leur secret. La plupart des Européens pensaient que cette teinture était extraite d'un fruit ou d'une céréale, car les insectes séchés ressemblaient à des grains de blé. L'entrée des élevages était très surveillée et bien des teinturiers espagnols furent mis à mort pour que le procédé de fabrication ne soit pas révélé. Un jour, un naturaliste français rapporta clandestinement quelques pieds de cactus couverts de ces insectes. On put alors ouvrir des dizaines d'élevages de cochenilles dans d'autres pays que l'Espagne. Cela resta la source principale de colorant rouge jusqu'à l'invention des produits synthétiques, à la fin du XIXe siècle.

51

ELLE BRILLE DANS LE NOIR

Les scintillements fascinants que l'on aperçoit dans nos campagnes les nuits d'été sont ceux des **LUCIOLES (2)**. C'est ainsi que ces coléoptères volants communiquent pour attirer des partenaires sexuels. Il en existe des milliers d'espèces, chacune ayant son code d'expression bien particulier. Certaines imitent même le code des autres pour les attirer et les manger. La lumière provient de leur abdomen, où une réaction chimique très efficace se produit. Alors qu'une ampoule électrique gaspille sous forme de chaleur 90 % de l'énergie qu'elle consomme, une luciole reste bien fraîche et utilise près de 100 % de son énergie pour produire de la lumière. Quant au **VER LUISANT (1)**, ce n'est pas un ver mais une femelle sans ailes (parfois une larve). Si les larves émettent de la lumière, ce n'est pas pour séduire: c'est pour avertir leurs prédateurs de leur goût déplaisant.

IL FAUDRAIT **70 000** LUCIOLES POUR REMPLACER UNE SIMPLE AMPOULE ÉLECTRIQUE

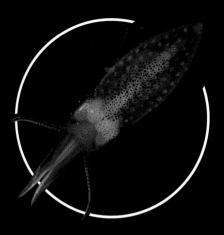

Y a-t-il d'autres animaux luisants ?

En plus des lucioles, on connaît aussi les moucherons lumineux, les collemboles et beaucoup d'animaux marins. Environ 90 % des créatures des grandes profondeurs produisent de la lumière. Certaines, comme la baudroie, s'en servent pour leurrer leurs proies. D'autres, comme ce calmar, émettent un nuage de liquide brillant devant l'ennemi et profitent de l'effet de surprise pour s'enfuir.

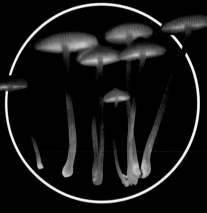

Les plantes brillent-elles dans le noir ?

Les organismes qui produisent de la lumière sont dits « bioluminescents ». Aucune plante n'est bioluminescente. Toutefois, certains champignons scintillent pour attirer les moucherons qui propageront leurs spores. Cet étrange rayonnement a servi à fabriquer des lampes portatives dans les premiers sous-marins.

Comment font les scorpions ?

Les scorpions ne produisent pas de lumière mais ils émettent bel et bien une lueur vert-bleu quand on dirige vers eux une lampe ultraviolette. Ce phénomène est dû à la présence de minéraux fluorescents dans leur peau. Son rôle est inconnu mais cela permet aux amateurs de scorpions de les repérer sans problème la nuit grâce à une lampe à U.V. !

D'où vient la lumière ?

Lucioles, calmars et champignons appliquent tous la même méthode de production lumineuse : ils sécrètent de la luciférine, une substance qui réagit au contact de l'oxygène. On a identifié les gènes qui sont à l'origine de cette réaction. Les chercheurs en médecine en injectent dans les cellules cancéreuses. En suivant la lumière qu'elles émettent, ils peuvent mieux comprendre comment le cancer se répand.

Le *développement*

Æschne bleue
(Aeshna cyanea)

Les insectes ne grandissent pas comme nous. La plupart entrent dans l'âge adulte lors d'une transformation spectaculaire. Souvent, ils changent tant qu'ils n'ont plus rien de commun avec leur première forme. C'est la *métamorphose*.

Je suis une nymphe de libellule prête à devenir adulte. Pour sortir de l'eau, je me hisse jusqu'à la pointe d'un roseau…

Ma peau s'est fendue et j'en sors en me tortillant.

Pour ne pas m'empêcher de sortir, ma nouvelle peau est très souple. Elle durcira d'ici une heure environ.

Métamorphose complète

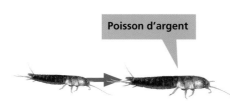

Machaon

Nymphe

Larve (chenille)

Adulte (papillon)

Environ 90 % des insectes commencent leur vie sous une forme différente de leur forme adulte : la larve, qui n'a ni ailes, ni antennes, ni yeux à facettes. La chenille est la larve du papillon. La seule fonction d'une larve, c'est de manger et de grandir. Elle entre ensuite en période de repos et devient une nymphe. Son corps est alors remodelé pour prendre sa forme adulte.

Croissance simple

Poisson d'argent

Quelques insectes se développent sans métamorphose. Les jeunes sont alors des adultes miniatures. À mesure qu'ils grandissent, ils changent de peau plusieurs fois.

Métamorphose partielle

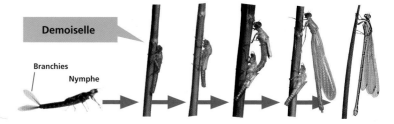

Demoiselle

Branchies

Nymphe

Les demoiselles, les blattes et bien d'autres insectes grandissent en plusieurs stades. Les plus jeunes, les nymphes, sont comme des adultes sans ailes. À chaque mue, elles ressemblent un peu plus à un adulte. Elles acquièrent leurs ailes en dernier. Les demoiselles et les libellules passent leur vie de nymphe sous l'eau et changent radicalement au dernier stade.

1 h 15 mn

Combien de temps faut-il ?

Mes ailes sont froissées mais elles vont se déployer.

Un peu plus d'une heure après être sortie de l'eau, je m'envole pour vivre ma vie d'adulte.

55

Tous les arthropodes représentés sur fond bleu sont des adultes. Sur fond blanc, ce sont encore des larves, avant la métamorphose. Es-tu capable d'associer l'adulte et sa larve? Note la combinaison de lettres et de chiffres et vérifie tes réponses sur la page de droite.

Où est l'adulte?

Associe l'adulte à sa larve

12g Papillon de nuit et chenille

11f Guêpe et larves

10e Héliconie melpomène et chenille

9h Coccinelle mexicaine du haricot et larve

8a Rhinocéros et larve

7b Dytique bordé et larve

6c Tipule et larves de tipule

5d Moustique et larve de moustique

4i Crabe et larve de crabe

3j Demoiselle et nymphe de demoiselle

2k Mouche domestique et asticot

1l Coccinelle et larve de coccinelle

RÉPONSES

AÏE !
Tu marches sur
mon aile !

Presque chaque année,
des essaims de cigales volent
au-dessus de l'Amérique du Nord, mais
tous les 17 ans, il en passe des millions.
La prochaine fois, ce sera à la fin
du printemps 2021.

Ron...
Pchii...

JOUR 1

Je suis un bébé cigale, une nymphe.
Je vis sous la terre, dans le noir, où je me
nourris de racines. J'y ai passé 17 ans sans
bouger. Je m'ennuie un peu...

POUSSE-TOI
DE LÀ !

JOUR 5

Nous occupons
la forêt par millions.
Il y a des prédateurs
mais nous sommes trop
nombreux pour qu'ils nous
mangent tous. La plupart
d'entre nous survivront.

AU CLAIR DE LA LUNE

NOTE BIEN CETTE DATE

2021
VERS LE 20 MAI

La cigale *Tibicina septendecim* passe entre 13 et 17 ans dans des galeries souterraines. Une fois adulte, elle émerge en pleine nuit pour connaître une vie brève mais intense. C'est ainsi que, tous les 17 ans, des quantités incalculables de cigales surgissent d'un seul coup des forêts. C'est un spectacle exceptionnel.

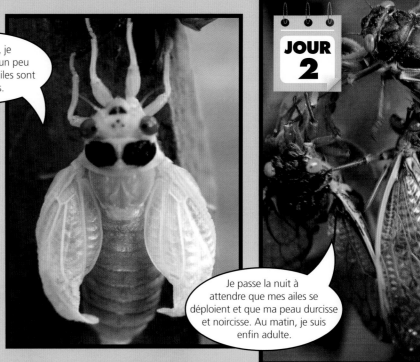

De jour

Coliade de la luzerne
(Colias eurytheme)

Cuivré commun
(Lycaena phlaeas)

Argus bleu
(Polyommatus icarus)

Hélicone erato
(Heliconius erato)

Piéride de la rave
(Pieris rapae)

Ornithoptère de la reine Alexandra
(Ornithoptera alexandrae)

Ornithoptère de Carin
(Ornithoptera prianus)

Papillon tigré
(Papilio glaucus)

Morio
(Nymphalis antiopa)

Morpho bleu
(Morpho menelaus)

Aurore
(Anthocharis cardamines)

Monarque
(Danaus plexippus)

Vol de jour
Les papillons de jour volent… en plein jour. Certains attendent le crépuscule mais aucun ne vole la nuit. Le soleil chauffe leurs muscles minuscules.

Antennes
La plupart des papillons de jour ont de fines antennes renflées à leur extrémité.

Corps
Les papillons de jour sont plutôt minces et veloutés.

Alimentation
Les papillons de jour sucent le nectar des fleurs avec leur trompe, qui ressemble à une paille enroulée.

Au repos
Les papillons de jour rabattent leurs ailes verticalement.

Nymphe
Leur chrysalide a une coque rigide et est souvent suspendue à une feuille.

Les papillons sont des lépidoptères, ce qui signifie « aux ailes écailleuses ».

ou de nuit ?

Les papillons de jour ont évolué à partir des papillons de nuit : ils ont donc beaucoup de points communs.

Vol de nuit
Les papillons de nuit sont actifs la nuit, même si on en croise souvent le jour. Pour s'échauffer, ils font vibrer leurs muscles de vol.

Antennes
Souvent, leurs antennes ressemblent à des plumes ou à des brosses. Elles perçoivent les odeurs et indiquent le chemin à suivre.

Corps
En général, leur corps est rond et duveteux, ce qui le maintient au chaud la nuit.

Alimentation
Il n'est pas facile de se nourrir la nuit. Certains mâles de papillons de nuit n'ont pas de bouche et ne mangent donc jamais.

Au repos
En général, les ailes des papillons de nuit restent ouvertes ou légèrement rabattues vers le bas.

Nymphe
Les nymphes des papillons de nuit se développent dans un cocon posé au sol ou enterré. Mais certaines ne forment même pas de cocon.

Hépiale
du houblon
*(Hepialus humuli)
femelle*

Écaille
martre
(Arctia caja)

Hépiale
du houblon
*(Hepialus humuli)
mâle*

Sphinx vert
(Euchloron megaera)

Brahmaea
wallichii

Bombyx
prométhée
*(Callosamia
prometheae)*

Grande nayade
(Geometra papilionaria)

Mélanippe hastée
(Rheumaptera hastata)

Bucéphale
(Phalera bucephala)

Vitessa suradeva

Cossus gâte-bois
(Cossus cossus)

Grande queue fourchue
(Cerura vinula)

Zygène
de la spirée
(Zygaena filipendulae)

En effet, leurs ailes sont couvertes de minuscules écailles.

UNE NUÉE DE PAPILLONS

La **fascinante** aventure des monarques

Leur petite taille n'empêche pas les monarques d'accomplir un périple étonnant. Dès que les feuilles d'automne commencent à tomber, ils se retrouvent par milliers dans le sud du Canada et d'autres régions d'Amérique du Nord pour migrer ensemble vers le sud. Certains parcourent ainsi près de 3 000 km avant de savourer le doux climat de la Californie, du Mexique et de Cuba.

Chenille → **Chrysalide** → **Papillon**

Une vie **bien réglée**

1 **MARS-AVRIL :** Naissance des papillons de première génération. Après une métamorphose en plusieurs étapes – œuf, chenille et forme adulte –, ils s'accouplent, pondent et meurent.

2 **MAI-JUIN :** Naissance de la deuxième génération de papillons. Ils mènent la même vie que les précédents.

3 **JUILLET-AOÛT :** La troisième génération naît, se métamorphose et meurt.

4 **SEPTEMBRE-NOVEMBRE :** Les papillons de quatrième génération ne meurent pas si vite. Après une prodigieuse migration vers le Mexique ou la Californie, au sud, ils hivernent à l'abri pendant 5 à 7 mois. À leur réveil, en février-mars, ils s'accouplent et repartent vers le nord pour y pondre et mourir. Les jeunes monarques rejoignent d'instinct les terres d'accouplement de la première génération : aucun ancêtre n'est plus là pour leur montrer le chemin !

EXEMPLE DE CHEMIN MIGRATOIRE DES MONARQUES EN AMÉRIQUE DU NORD

Près d'Angangueo, au Mexique, une cohorte de 100 millions de monarques arrive chaque hiver du Canada et des États-Unis. L'air résonne alors du bruit de leurs battements d'ailes.

Toxiques, les monarques ont si mauvais goût que les prédateurs les délaissent.

Ce voyage **prodigieux** a lieu au bout de *quatre* générations. C'est la *quatrième* génération qui ACCOMPLIT le plus GROS travail.

Biographie d'un ver à soie

Tout d'abord, note bien que je ne suis pas un ver, mais la chenille d'un papillon de nuit chinois. Depuis 4 000 ans, les hommes font du tissu avec le fil que j'enroule autour de mon cocon.

Mandibule

Antenne

Yeux

Filière

Nous n'existons plus à l'état sauvage. Notre reproduction elle-même dépend entièrement des hommes. Je suis un mâle : mes antennes duveteuses me transmettent l'odeur des femelles.

Les mâles volent mal et les femelles ne volent pas du tout. Le mâle ne trouve donc sa compagne que si elle est tout près de lui. Il expire juste après l'accouplement tandis que la femelle survit jusqu'à la ponte.

Le fil sort d'un petit tube situé sous ma bouche.

Il faut trier les cocons : les plus beaux permettent de tisser de la toile de soie. On jette ceux qui sont tachés ou troués.

64

Comme toute chenille, je ne fais que manger, manger, manger. Des feuilles de mûrier blanc, pour être précis. En 26 jours, je changerai de peau 4 fois. Je dois muer ainsi car ma peau externe ne grandit pas.

Je suis presque prêt à tisser mon cocon. Je m'enroulerai alors dans un fil de soie tiré d'un petit tube, sous ma bouche. Je m'y embobinerai en faisant des contorsions.

Les cocons sont jaunes ou blancs. Tu devines pourquoi ?

Tout simplement parce que notre couleur varie selon notre sous-espèce.

Pour faire une chemise, il faut 1000 chenilles.

Hum… Un bon bain chaud, ça ramollit !

C'est la seule façon de décoller la soie du cocon.

De nos jours, la soie est produite dans de grosses usines. Mais il faut toujours nous plonger dans l'eau chaude et travailler les fils dans une machine à filer.

Cette énorme machine entrelace entre 6 et 10 fils pour en faire un brin de soie. Moi, simple cocon, j'ai produit 1,6 km de fil !

Et voilà le travail !

Pourquoi cette **chenille** valait-elle **plus** cher que DE L'OR dans la **Chine** ancienne?

Il existe plusieurs variétés de mûriers mais une seule figure au menu des vers à soie : le mûrier blanc de Chine. Ils en mangent les feuilles, dont la taille et la forme peuvent être très différentes sur une même branche.

Chenille de ver à soie *(Bombyx mori)* de 3 jours, grandeur nature.

Celui-là ou rien !
On chercha longtemps à élucider l'énigme de la soie dans le monde entier. On fit même pousser des mûriers en Angleterre au XVIIᵉ siècle : le roi Jacques Iᵉʳ voulait ainsi lancer l'industrie de la soie dans son pays. Hélas, les arbres qui furent plantés n'étaient pas les bons.

La production de la soie, ce long fil avec lequel une chenille bien particulière fabrique son cocon, est restée longtemps secrète.

L'impératrice, sa tasse, le papillon et la larve

Selon la légende, l'impératrice de Chine buvait son thé sous un mûrier quand un cocon de ver à soie tomba dans sa tasse. La souveraine, étonnée, vit alors le **cocon** se dérouler en un long fil. Après quelques tâtonnements, elle inventa le tissu de soie vers l'an 2400 av. J.-C.

Ce savoir-faire, d'une importance cruciale pour l'économie chinoise, devint l'un des **secrets** les mieux gardés de tous les temps ; pendant des siècles, la soie valut **plus cher** que **l'or**. Hormis les Chinois, personne ne savait qu'elle était produite par un animal. En 70 av. J.-C., l'historien romain Pline l'Ancien écrivait même :

Vieux proverbe chinois

Avec le temps et la patience, la feuille du mûrier devient une robe de soie.

«On détache ce duvet blanc des feuilles d'un arbre en l'arrosant d'eau.»

Au début, seul l'empereur se vêtait de soie, mais l'usage se propagea peu à peu dans toute la Chine. On alla jusqu'à fabriquer dès cordes d'instruments de musique et des fils de pêche en soie.

La soie attira tant de convoitise que l'on appelle «**route de la soie**» un réseau de voies commerciales, créé au IIe siècle av. J.-C., qui traversait les déserts d'Asie centrale pour relier l'Orient à l'Occident. On y transportait toutes sortes de marchandises mais la soie resta longtemps la plus précieuse.

HOU-houu!

VRAI
ou
FAUX

Les apparences suffisent parfois à décourager l'agresseur. Toutes les bêtes de la rangée supérieure imitent les dangereuses créatures de la ligne du bas. Leur déguisement n'est pas toujours parfait mais il parvient à tromper les prédateurs pendant quelques secondes, juste le temps de s'éclipser.

Les ailes du caligo évoquent une chouette.

La chenille d'un sphinx du Costa Rica gonfle sa tête pour qu'elle ressemble à celle d'un serpent. Ses yeux scintillants complètent la panoplie.

Le vice-roi (en haut) et le monarque (en bas) s'imitent mutuellement. Leurs motifs similaires annoncent aux oiseaux qu'ils ont mauvais goût.

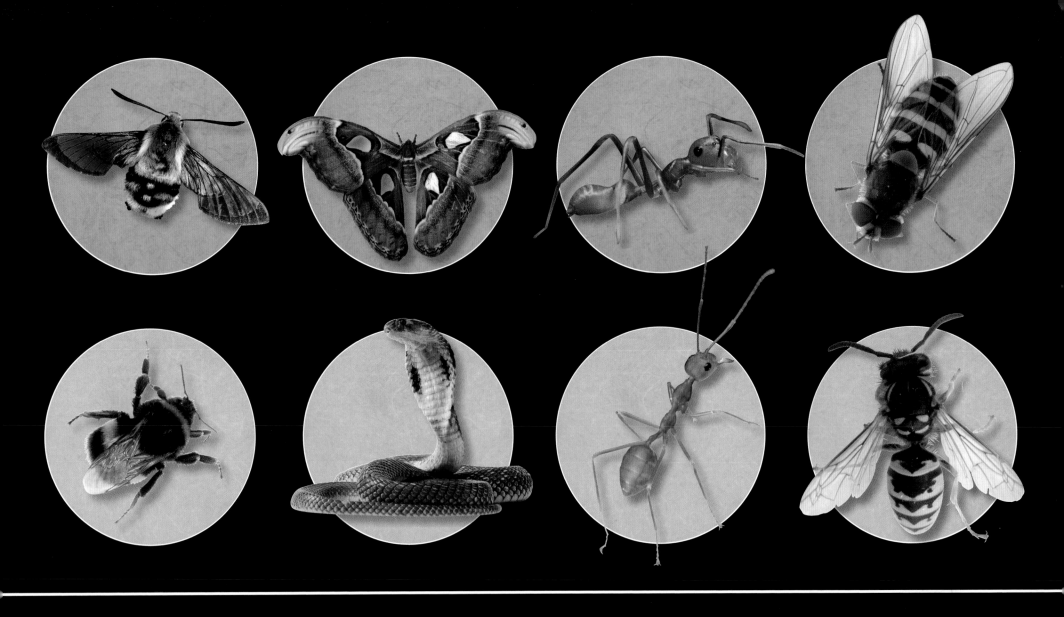

Antennes duveteuses et ailes dépliées : pas de doute, l'« abeille » du haut n'est qu'un papillon de nuit. Son camouflage décourage les oiseaux, qui évitent de manger des abeilles.

Regarde bien l'extrémité des ailes de cet atlas : elle fait penser à la tête du cobra, serpent au venin mortel.

Compte les pattes de l'animal d'en haut : mais oui, c'est une araignée sauteuse déguisée en fourmi. Elle peut ainsi rôder en sûreté autour des fourmilières.

Les rayures du syrphe, mouche inoffensive, mystifient les oiseaux et parfois même les hommes.

QUE VOIS-JE?

VOICI CE QUE TU VERRAIS SI TU ÉTAIS UNE FOURMI. CES PHOTOS SONT DES GROS PLANS DE DIVERS ARTHROPODES. SAURAS-TU LES IDENTIFIER?

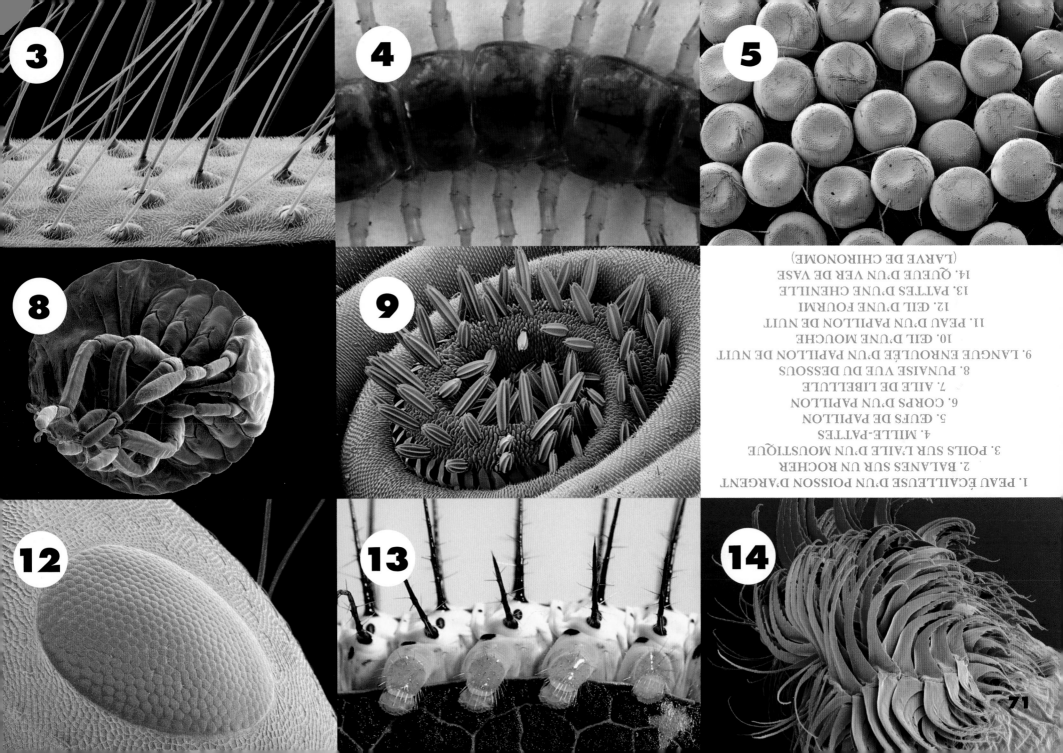

1. PEAU ÉCAILLEUSE D'UN POISSON D'ARGENT
2. BALANES SUR UN ROCHER
3. POILS SUR L'AILE D'UN MOUSTIQUE
4. MILLE-PATTES
5. ŒUFS DE PAPILLON
6. CORPS D'UN PAPILLON
7. AILE DE LIBELLULE
8. PUNAISE VUE DU DESSOUS
9. LANGUE ENROULÉE D'UN PAPILLON DE NUIT
10. ŒIL D'UNE MOUCHE
11. PEAU D'UN PAPILLON DE NUIT
12. ŒIL D'UNE FOURMI
13. PATTES D'UNE CHENILLE
14. QUEUE D'UN VER DE VASE
(LARVE DE CHIRONOME)

POURQUOI élève-t-on *ces* sauterelles en…

…**CAGE** **depuis** plus **de** **2 000 ANS** ?

Sauterelle

PARCE QU'ELLES
font *de la* musique

Dans de **nombreux** pays, on élève des sauterelles ou des grillons *chez soi.* **POURQUOI?** Parce qu'ils émettent une ***musique*** que nous **apprécions**. *(Ils peuvent aussi décourager les cambrioleurs car ils se taisent dès que quelqu'un s'approche.)* Ils « chantent » en **frottant** leurs ailes bord à bord et NON en ouvrant la bouche pour **brailler**, comme nous!

La sauterelle émet un son en se frottant les ailes.

Si elle lève les ailes, la sauterelle produit un son plus puissant. Une petite ligne perforée, le miroir, augmente aussi le volume.

BIEN SÛR, elle ne chante pas pour nous faire plaisir, mais pour attirer son partenaire!

NOS dix

Crevettes primitives

Tu veux élever des animaux préhistoriques ? La « crevette » primitive *(Triops cancriformis)* serait l'être vivant le plus ancien du monde. Elle s'élève facilement : il te faut seulement un récipient transparent plein d'eau minérale, quelques œufs de *Triops* et de la nourriture pour poissons rouges. Pose la boîte dans un endroit chaud et ensoleillé. Les œufs donneront naissance à des fossiles vivants de 8 cm de long. Seul souci : ils s'entredévorent…

9 — Les abeilles mellifères

L'apiculture nécessite un peu d'équipement : des vêtements de protection et une ruche. Mais, une fois installées, les abeilles produisent des kilos de miel. L'hiver, elles ne peuvent pas butiner puisqu'il n'y a plus de fleurs. Il faut donc leur donner à manger.

7 — L'atlas

C'est le plus gros papillon de nuit : il atteint 30 cm d'envergure. Tu peux te procurer des œufs sur Internet. Tu verras naître et se développer des chenilles un peu bizarres qui tisseront ensuite leur cocon. Il est facile de les nourrir car elles mangent toutes sortes de feuilles. Mais les papillons adultes ne se nourrissent pas et ne vivent que 2 semaines.

6 — Le cénobite *(Coenobita)*

Le cénobite, cousin terrestre du bernard-l'hermite marin *(Pagurus*, ci-dessous), est facile à élever. Il ne lui faut qu'un bac de sable, un bol d'eau, une cachette et quelques coquilles vides pour qu'il puisse changer de costume en grandissant.

8 — Les fourmis

Pour créer ta fourmilière, pars à la recherche d'une reine sans ailes qui a quitté son groupe en été. Pose-la sur une couche de sable fin dans un petit récipient bien fermé (ou une boîte spéciale). Ajoute une boule de coton humide et de l'eau sucrée. Elle pondra très vite et ta colonie prendra forme. Mais choisis bien cette reine : les fourmis rouges (ci-dessous) sont agressives et projettent de l'acide – pas très agréable !

10

PeTiTes Bêtes PRÉFÉRÉES !

Le mille-pattes de Mombasa

5 Il a 200 pieds et il ne trébuche jamais ! Ses minuscules pattes sont aussi rugueuses que du Velcro. Ça fait drôle quand il te marche dessus. C'est un bon animal de compagnie, docile et calme, qui n'a besoin que de fruits et d'une grande boîte de sable humide. Mais il sécrète un liquide de défense : il faut donc le traiter délicatement et ne pas se toucher les yeux ou la bouche après l'avoir caressé.

Les phasmes

2 Ces insectes imitent à la perfection les feuilles, les bâtons, les branches ou l'écorce. Ils sont faciles à élever à condition de les empêcher de proliférer : certains n'ont pas besoin de s'accoupler pour avoir des petits ! Ils se régalent de quelques feuilles de ronce.

La mygale du Mexique

1 C'est probablement l'arthropode le plus prisé au monde. Facile à élever chez soi, la mygale peut vivre 30 ans. Si tu achètes un bébé d'élevage, tu pourras l'habituer à être porté. Ses crochets de 1 cm de long injectent un venin puissant réservé (théoriquement) à ses proies. Son régal : les criquets vivants. Si elle perd une patte, une nouvelle patte repousse à la place !

La mante religieuse

3 Observe bien la mante : elle rampe vers sa proie sans donner le moindre indice de sa présence, et… TCHAC ! Elle frappe plus vite que l'éclair. Cet animal fascinant a de si gros yeux qu'elle voit dans tous les coins. Il lui faut des branches pour faire de l'escalade, de l'eau et des insectes vivants : des criquets achetés dans un magasin spécialisé, par exemple.

Le scorpion impérial

4 Les scorpions ne conviennent pas aux débutants : ils ont des pinces puissantes et une queue pointue. Mais celui-ci, le plus gros du monde, n'est pas agressif et ses piqûres ne sont pas mortelles. Il vit en groupe et est actif surtout la nuit. Ses petits, semblables à des cloportes, voyagent agrippés sur le dos de leur mère.

LA GRANDE INVASION

Le **désastre** des criquets pèlerins.

UN GRAND MOUVEMENT DE FOULE...

Normalement, les criquets pèlerins vivent seuls, mais ils subissent parfois une transformation radicale. Quand la nourriture abonde dans les champs, ils pullulent et changent d'allure : la nouvelle génération qui apparaît a le corps plus court et change de couleur.

VAIS-JE RESTER SOLITAIRE OU DEVENIR GRÉGAIRE ?

Criquet pèlerin

En temps normal, les criquets vivent **seuls**. Ils restent verts et causent peu de dégâts.

La génération migratrice change aussi de comportement : les criquets volent **en masse** vers les récoltes et ravagent tout sur leur passage.

ON RECHERCHE

CE MEMBRE DU REDOUTABLE GANG DES CRIQUETS EST UN VANDALE !

Forte RÉCOMPENSE

... à **qui** saura empêcher les criquets pèlerins de **dévaster** nos campagnes.

Que faire ?

Quand les **nuages de criquets** dévorent leurs récoltes, les fermiers impuissants ne peuvent que les regarder agir. Les scientifiques essaient de prévoir ces déferlements, mais les essaims sont si nombreux qu'il est vain de vouloir les arrêter.

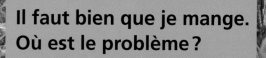

Il faut bien que je mange. Où est le problème ?

Un nuage apparaît

De loin, les vols de criquets sont des nuages noirs. Ils peuvent parcourir 130 km par jour et cela leur ouvre l'appétit ! En quelques instants, ils ratissent un champ et laissent la terre nue. Ils sont très répandus : on a constaté leur présence dans plus de 60 pays.

Ci-dessus : Un criquet à table
À gauche : Une nuée de criquets

Qu'est-ce qu'on mange ?

Le goût et le toucher s'exercent sur tout le corps du criquet, qui détecte instantanément les bonnes récoltes.

10 octobre 1996

Nouvelles Internationales

Le fléau est de retour

Selon les fermiers d'Afrique de l'Est, les vols de criquets deviennent plus fréquents. C'est la hantise des paysans d'Afrique et d'Asie depuis des milliers d'années. Chaque jour, ces insectes avalent l'équivalent de leur propre poids. Un seul kilomètre carré peut en accueillir 80 millions, et ils parcourent quotidiennement des centaines de kilomètres. En Somalie, une seule invasion a englouti de quoi nourrir 400 000 habitants pendant un an.

Passage d'un vol de criquets.

77

Lequel est comestible, lequel est toxique?

À tes risques et périls!

Surprise au **chocolat!**

Ingrédients:
Du chocolat de bonne qualité
Des criquets ou des sauterelles
comestibles et séchés

Les insectes doivent être choisis et préparés avec soin, certains étant toxiques.

Fais fondre le chocolat au bain-marie.

Remplis-en des petites coupes à mi-hauteur.

Dépose un criquet ou une sauterelle dans chaque coupe.

Couvre avec le reste de chocolat et laisse refroidir.

Une surprise de très bon goût!

Qui est-ce qu'on mange ?

Nos plats du jour…

MENU

1. Chaussette richement parfumée
2. Nouveau-né bien dodu
3. Boulette de crottin
4. Rouleau de carton croustillant
5. Votre propre maman
6. Pavés de bibliothèque
7. Rien de rien : jeûne total !

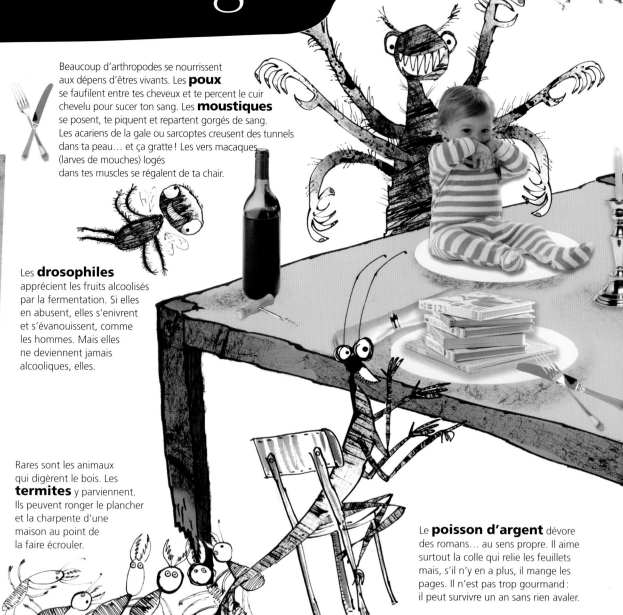

Beaucoup d'arthropodes se nourrissent aux dépens d'êtres vivants. Les **poux** se faufilent entre tes cheveux et te percent le cuir chevelu pour sucer ton sang. Les **moustiques** se posent, te piquent et repartent gorgés de sang. Les acariens de la gale ou sarcoptes creusent des tunnels dans ta peau… et ça gratte ! Les vers macaques (larves de mouches) logés dans tes muscles se régalent de ta chair.

Les **drosophiles** apprécient les fruits alcoolisés par la fermentation. Si elles en abusent, elles s'enivrent et s'évanouissent, comme les hommes. Mais elles ne deviennent jamais alcooliques, elles.

Rares sont les animaux qui digèrent le bois. Les **termites** y parviennent. Ils peuvent ronger le plancher et la charpente d'une maison au point de la faire écrouler.

Le **poisson d'argent** dévore des romans… au sens propre. Il aime surtout la colle qui relie les feuillets mais, s'il n'y en a plus, il mange les pages. Il n'est pas trop gourmand : il peut survivre un an sans rien avaler.

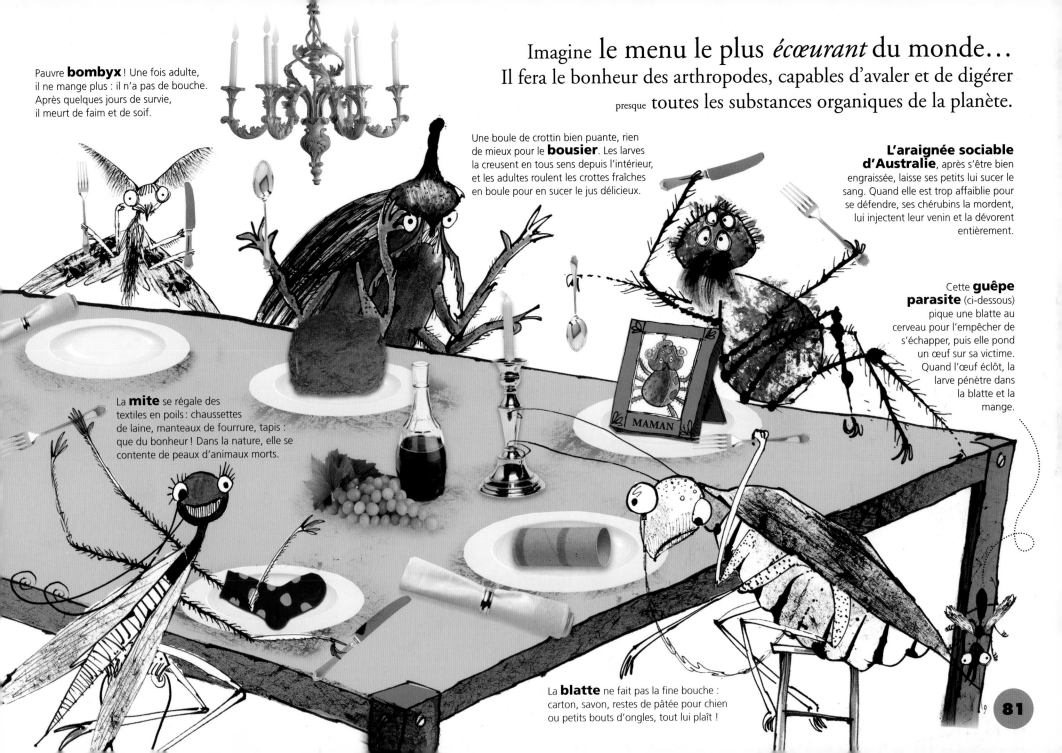

Pauvre **bombyx** ! Une fois adulte, il ne mange plus : il n'a pas de bouche. Après quelques jours de survie, il meurt de faim et de soif.

Imagine le menu le plus *écœurant* du monde…
Il fera le bonheur des arthropodes, capables d'avaler et de digérer presque toutes les substances organiques de la planète.

Une boule de crottin bien puante, rien de mieux pour le **bousier**. Les larves la creusent en tous sens depuis l'intérieur, et les adultes roulent les crottes fraîches en boule pour en sucer le jus délicieux.

L'araignée sociable d'Australie, après s'être bien engraissée, laisse ses petits lui sucer le sang. Quand elle est trop affaiblie pour se défendre, ses chérubins la mordent, lui injectent leur venin et la dévorent entièrement.

Cette **guêpe parasite** (ci-dessous) pique une blatte au cerveau pour l'empêcher de s'échapper, puis elle pond un œuf sur sa victime. Quand l'œuf éclôt, la larve pénètre dans la blatte et la mange.

La **mite** se régale des textiles en poils : chaussettes de laine, manteaux de fourrure, tapis : que du bonheur ! Dans la nature, elle se contente de peaux d'animaux morts.

MAMAN

La **blatte** ne fait pas la fine bouche : carton, savon, restes de pâtée pour chien ou petits bouts d'ongles, tout lui plaît !

81

Sur la Scène du Crime

UN CRIME A ETE COMMIS...

un CADAVRE gisait dans les bois.

Cela t'étonnera peut-être mais les insectes renseignent la police, comme cette enquête va te le montrer. En analysant la présence et le stade de développement de petites bêtes bien précises, les ENTOMOLOGISTES MÉDICOLÉGAUX collectent des informations cruciales.

ZONE INTERDITE-ACCÈS RÉSERVÉ   ZONE INTERDITE-ACCÈS RÉSERVÉ

NE TOUCHEZ À RIEN. MOI, L'ENTOMOLOGISTE, JE VAIS VOUS AIDER À ENQUÊTER.

1

TOUS LES CORPS

se décomposent. Les insectes participent à ce phénomène dans un ordre bien précis. Les mouches à vers, mouches à viande et mouches bleues arrivent les premières.

Ces mouches pondent et les asticots naissent dans un délai de 16 à 25 heures. Selon la température, les larves deviennent des pupes au bout de 6 à 12 jours. L'été, cela va beaucoup plus vite.

Mouche bleue — INDICE

Œufs de mouches à viande

INDICE

Asticots de mouches a viande — INDICE

INDICE

LA DATE DE PONTE DES ŒUFS DE MOUCHES S'ESTIME EN FONCTION DU STADE DE DÉVELOPPEMENT ATTEINT.

❶ Les larves muent et grandissent par étapes. Après la troisième mue, elles s'éloignent du cadavre pour devenir des pupes. Elles rampent alors vers le sol ou sous les vêtements du mort.

❷ Les pupes toutes jeunes sont pâles. Elles virent au marron foncé en quelques heures.

❸ Au bout de plusieurs jours, la mouche adulte apparaît et laisse derrière elle une enveloppe vide.

TROIS MOTS DE SCIENCE > Tous les corps se décomposent après la mort. Sinon, nous serions submergés de cadavres! Les insectes jouent un rôle crucial dans ce processus en observant un ordre assez strict.

> Nous ignorons quand le crime a eu lieu.

> Interrogeons les témoins...

> ... c'est-à-dire les insectes!

ZONE INTERDITE-ACCÈS RÉSERVÉ

ZONE INTERDITE-ACCÈS RÉS

La mouche sort de sa pupe.

2

PLUS TARD : entre 3 et 6 mois après le décès, l'entomologiste peut s'attendre à trouver dans le cadavre des larves de mouche du fromage (surtout des *Piophila casei*). Longues d'environ 8 mm, elles font des bonds de 15 cm! Les scarabées sont aussi de plus en plus nombreux, par exemple les dermestes des peaux et les nécrobies.

INDICE **C**

Nécrobie à pattes rouges

INDICE

3

AU BOUT DE 6 MOIS :

le dermeste des peaux a été rejoint par des nécrophores qui broient la peau et la chair desséchées grâce à leurs mâchoires puissantes. Ensuite viendront les larves de papillons de nuit et les acariens qui mangent poils et cheveux.

Dermeste

INDICE

83

LA TRISTE FIN D'UNE SOURIS

REPORTAGE SUR LE TERRAIN

Les **larves de mouches** mettent parfois des mois à transformer un cadavre humain en squelette mais, quand il fait chaud, elles font disparaître un petit animal en moins d'une semaine. Voici par exemple un mulot mort en plein été…

PRISE 1

OH ! LÀ, LÀ ! JE NE DEVRAIS PEUT-ÊTRE PAS REGARDER ÇA…

LUNDI Attirées par l'odeur du mulot mort, les mouches à viande viennent pondre, puis elles repartent.

1

JEUDI Les larves dévorent très vite les viscères, les muscles et la graisse.

4

MARDI Dès leur éclosion, les larves pénètrent dans le cadavre par les orifices (oreilles, yeux, anus).

MERCREDI Elles percent la peau en décomposition.

Fin de *l'épisode !*

Je me présente : je suis un asticot, une larve de mouche bleue précisément. Grâce à mes crochets, je mâche de la viande. J'apparais ici grandi 100 fois. Voici ma taille normale :

VENDREDI Les larves mangent aussi la peau et les tissus rigides, sauf s'ils sèchent et durcissent trop.

SAMEDI Il ne reste plus que les os. Les larves se transforment en pupes.

DÉPART

1
2

Psst! Prends un raccourci...

4

POUR JOUER AU MILLE-Bzzz, IL TE FAUT :

- Un dé
- Au moins un adversaire
- Un jeton par joueur

Aïe ! Ça PIQUE ! Tu perds un tour pour essuyer tes larmes.

MILLE

RÈGLE DU JEU

Posez vos jetons sur la case 1 et jetez le dé tour à tour. Avancez du nombre de cases correspondant. Bonne route !

Je ne suis pas un arthropode mais un ver de terre. Recule jusqu'au bout de ma queue.

Tu entres à la confiserie : ta gourmandise te fait perdre un tour.

6

Wouah!

Tu avances de 4 cases à cheval sur ce mille-pattes de course !

1

8

Horreur!
Une araignée!

Recule de 3 cases.

Bravo, un papillon t'a pris en stop. Avance de 5 cases.

11

Oh non ! Un moustique affamé t'a piqué ! Tu passes un tour à te retenir de te gratter.

DES JETONS FAITS MAISON

- Dessine une petite bête.
- ✂ Découpe-la.
- ✏ Colorie-la.

M'AS-TU *vu* ?

JE SUIS UN PHASME DU COSTA RICA.

Pas le temps de rigoler

Dans une colonie de fourmis parasol, chaque membre occupe un poste bien particulier. Elles travaillent comme des forcenées jour et nuit. Leur métier ? Cultivatrices.

Qui est la plus grande ?

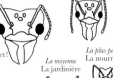

Mâle ailé
Le prince

La supergrande
La gardienne

Reine
Au sommet !

La plus petite
La nourrice

La moyenne
La jardinière

La plus grande
La récolteuse

Qui est la plus petite ?

Je suis une **ouvrière récolteuse.** Je transporte des feuilles jusqu'à la fourmilière. S'il le faut, je les coupe à la bonne taille.

L'une des équipes se charge d'entretenir les pistes qui partent de la fourmilière. Ce sont en quelque sorte les **balayeuses.**

Nous laissons derrière nous une piste parfumée pour montrer la voie à nos collègues.

Tu veux savoir ce que nous faisons de ces feuilles ? Plusieurs millions d'entre nous les lèchent et les hachent pour en faire des boulettes où les champignons se développent. Nous mangeons ensuite ces champignons.

Je suis la **reine.** Les ouvrières sont mes filles. Si je meurs, la fourmilière s'éteint peu à peu.

sortent cueillir

Je suis une **mouche décapiteuse.** Je ponds dans la tête des fourmis. Dès sa naissance, l'asticot pourra s'en régaler !

Je suis une **gardienne.** Une récolteuse qui tient une feuille entre ses mandibules ne peut plus se défendre contre les mouches. C'est donc moi qui la protège.

Je suis un **soldat.** Si tu touches notre abri, je te mordrai avec mes mâchoires puissantes.

Les **cultures souterraines** de champignons atteignent parfois la taille d'un terrain de football. Pour se nourrir, les fourmis collectent et réduisent en purée des milliers de feuilles. Leurs galeries superposées peuvent mesurer 6 mètres de profondeur.

des feuilles. Les autres travaillent dans le noir.

LES *FOURMIS* LÉGIONNAIRES

ALERTE > ELLES ARRIVENT !

Intrigué par un bruissement, tu regardes le sol dans un bois : une masse de petits insectes défile à toute allure. Le bruit s'accentue, accompagné d'un sifflement strident. Tu comprends alors que ce sont des fourmis. Des milliers de fourmis. Ces tueuses déchiquetteront tous ceux qui leur feront barrage et emporteront les morceaux dans leur nid. Elles arrivent à vaincre les mille-pattes, les scorpions, les mygales et même certains vertébrés comme les lézards et les geckos.

Je suis une fourmi légionnaire mâle ailée. Mon abdomen a la forme d'une saucisse.

Mâle ailé
Fourmi n° 240300
Surnom :
Saucisse sauvage

En route par milliers :

La colonne de marche rassemble les femelles ouvrières, incapables de pondre des œufs. Elles peuvent être 20 millions de fourmis. Il y a très peu de mâles.

Les grosses proies comme ce scorpion ne font pas peur aux fourmis. Si une fourmi isolée le croise, elle émet un liquide qui attire ses camarades. Le scorpion se trouvera bien vite submergé et succombera sous le nombre.

les **fourmis légionnaires.**

Les colonies de fourmis légionnaires élèvent leurs larves et triomphent de leurs proies avec une grande efficacité. Elles déménagent souvent, sous peine de manquer de nourriture. Elles forment parfois des passerelles vivantes pour franchir les obstacles en forêt.

Qui sont les tueuses ?

Deux types de fourmis forment des armées : les légionnaires du continent américain et celles d'Afrique. Elles sont un peu différentes : les premières font des piqûres douloureuses, les secondes mordent leurs victimes avec leurs mandibules tranchantes. Les légionnaires ne tuent pas les grands vertébrés, mais les fourmis magnan (des légionnaires africaines) peuvent achever une poule ou un cochon blessé. Si la plupart des grands animaux parviennent à s'enfuir, ce n'est pas le cas des arthropodes. Parfois, les habitants des villages africains se réjouissent de voir venir les armées de fourmis : elles tuent les blattes et les mouches jusque dans les moindres recoins des maisons. Les légionnaires édifient des abris provisoires, les bivouacs, en s'accrochant les unes aux autres.

Mes puissantes mâchoires me permettent de protéger les ouvrières. Ci-dessus, notre bivouac : un gros tas de fourmis assemblées.

93

Montagne aux fourmis

Dans le monde entier, on mange des fourmis depuis la nuit des temps. Ce plat te semblera peut-être étonnant mais, pour beaucoup de gens, tirer une fourmi du nid pour la croquer n'a rien d'extraordinaire.

Certaines **fourmis à miel** stockent tant de nectar dans leur abdomen qu'elles ne peuvent plus bouger. Leur saveur sucrée est très appréciée.

VALEURS NUTRITIONNELLES		
Val. moyennes	pour 100 g	pour 30 g
Val. énergétiques	950 kj 227 kcal	285 kj 68 kcal
Protéines	5 g	1,5 g
Glucides	50 g	15 g
Lipides	0,3 g	0,1 g
Calcium	5 mg	1,5 mg
Fer	0,6 mg	0,2 mg

VALEURS NUTRITIONNELLES		
Val. moyennes	pour 100 g	pour 30 g
Val. énergétiques	150 kj 36 kcal	45 kj 11 kcal
Protéines	13,9 g	4,2 g
Glucides	2,9 g	0,9 g
Fat	3,5 g	1,1 g
Lipides	47 mg	14,3 mg
Fer	5,7 mg	1,7 mg

La **fourmi tisserande d'Australie** n'est pas facile à saisir et cause des morsures douloureuses, mais elle est comestible. On dit qu'elle a un goût citronné.

Ingrédients

Algues séchées — Pommes de terre râpées — Fourmis noires séchées — Piment rouge — Huile

POUR 2 PERSONNES

Hache finement le piment rouge.

Fais revenir les pommes de terre râpées à la poêle sur un filet d'huile chaude. Elles doivent être bien tendres.

Ajoute le piment. Garnis un plat d'algues et dispose les pommes de terre au milieu.

Parsème le tout de fourmis séchées. C'est prêt!

Ne mange *jamais* d'insectes sans vérifier qu'ils sont **sans danger**.

On peut être allergique aux insectes. Cela t'étonne ? Pourtant, beaucoup de gens ne supportent pas les crustacés, qui sont très proches des insectes.

Jolie *garniture* de *fourmis!*

Il existe au moins **9 000** espèces de fourmis!

Une ruche **bourdonnante**

bzzzzzzzzzzzzzZ ZZ

Les abeilles mellifères vivent en groupe.

Une ruche peut rassembler jusqu'à 80 000 abeilles.

Chaque

bzzzzzzzzzzzzzzz ZZ

bzzzzzzzzzzzzz ZZ

La **reine**

Il n'y a qu'une reine dans une ruche. Son rôle est de pondre : jusqu'à 2 000 œufs par jour ! La plupart des œufs sont fécondés et donnent naissance à des femelles ouvrières. Les autres, non fécondés, produisent des mâles : les faux bourdons. Si la reine meurt ou cesse de pondre, les ouvrières en élèvent une nouvelle. Pour cela, elles nourrissent une larve avec de la gelée royale, un liquide très riche en nutriments.

La reine mesure entre 15 et 20 mm de long.

...abeille assure une tâche bien définie.

L' **ouvrière**

La majorité des abeilles sont des femelles ouvrières. De sa naissance à sa mort, une ouvrière travaille sans cesse. Les 12 premiers jours, elle nettoie les cellules de stockage du miel, nourrit les larves et s'occupe de la reine. Entre 12 et 20 jours, elle construit et entretient les cellules, reçoit et range le nectar et le pollen, et vérifie l'identité des butineuses qui veulent entrer dans la ruche. Au bout de 20 jours, elle devient butineuse et fait à son tour de longs voyages pour revenir chargée de nourriture.

Les ouvrières atteignent 15 mm de longueur.

bzzzzzzzzzzzz...

bzzzzzzzzzzzz.zz...ZZ...

Le **faux bourdon**

L'été, un essaim compte entre 300 et 3 000 mâles. Ils sont entretenus en attendant de s'accoupler avec une jeune femelle ou avec la reine d'une autre ruche. Mais leur belle vie finit mal : ceux qui s'accouplent meurent sur-le-champ. Et à l'automne, les survivants, devenus inutiles, sont expulsés.

Les mâles font 18 mm de long.

Tout miel a une saveur particulière qui dépend des fleurs que les abeilles ont butinées.

Grâce aux crayons cire, tes dessins se conservent plus longtemps et tu peux mélanger les couleurs : le bleu et le jaune donnent du vert.

Avec la cire d'abeille, on fabrique d'excellentes bougies qui sentent le miel et ne coulent pas.

pour produire
ce miel ?

… ainsi que tant d'autres choses si utiles ?

Les abeilles nous rendent bien service, même si elles ne travaillent pas pour nous faire plaisir. En plus du miel, elles fabriquent de la cire dont nous tirons, entre autres, des crayons, des produits de beauté, du cirage et du savon. Le miel provient du nectar des fleurs : une fois rapporté par les ouvrières, il fermente et épaissit. La cire est produite par les jeunes abeilles chargées d'aménager la ruche, qui en sécrètent quelques gouttes chacune. Il leur faut 500 000 gouttes pour obtenir 500 g de cire. Elles l'utilisent pour former des cellules hexagonales où les œufs de la reine sont ensuite déposés.

Miel **clair**

Miel **liquide**

Miel **de rayon**

Miel **foncé**

Miel **cristallisé**

Les abeilles mellifères nous fournissent un nombre incroyable de produits dont le miel (que nous étalons sur du pain ou que nous employons comme ingrédient de certains gâteaux et biscuits), la cire à bois et à chaussures, les bougies, le vernis, les crayons gras, ainsi que toutes sortes de lotions, de potions et de crèmes. Le plus frappant, c'est qu'une abeille produit seulement une cuillerée à café de miel tout au long de sa vie. Les abeilles mellifères nous fournissent un nombre incroyable de produits dont le miel (que nous étalons sur du pain ou que nous employons comme ingrédient de certains gâteaux et biscuits), la cire à bois et à chaussures, les bougies, le vernis, les crayons gras, ainsi que toutes sortes de lotions, de potions et de crèmes. Le plus frappant, c'est qu'une abeille produit seulement une cuillerée à café de miel tout au long de sa vie. Les abeilles mellifères nous fournissent un nombre incroyable de produits dont le miel (que nous étalons sur du pain ou que nous employons comme ingrédient de certains gâteaux et biscuits), la cire à bois et à chaussures, les bougies, le vernis, les crayons gras, ainsi que toutes sortes de lotions, de potions et de crèmes. Le plus frappant, c'est qu'une abeille produit seulement une cuillerée à café de miel tout au long de sa vie. Les abeilles mellifères nous fournissent un nombre incroyable de produits dont le miel (que nous étalons sur du pain ou que nous employons comme ingrédient de certains gâteaux et biscuits), la cire à bois et à chaussures, les bougies, le vernis, les crayons gras, ainsi que toutes sortes de lotions, de potions et de crèmes. Le plus frappant, c'est qu'une abeille produit seulement une cuillerée à café de miel tout au long de sa vie. Les abeilles mellifères nous fournissent un nombre incroyable de produits dont le miel (que nous étalons sur du pain ou que nous employons comme ingrédient de certains gâteaux et biscuits), la cire à bois et à chaussures, les bougies, le vernis, les crayons gras, ainsi que toutes sortes de lotions, de potions et de crèmes. Le plus frappant, c'est qu'une abeille produit seulement une cuillerée à café de miel tout au long de sa vie. Les abeilles mellifères nous fournissent un nombre incroyable de produits dont le miel (que nous étalons sur du pain ou que nous employons comme ingrédient de certains gâteaux et biscuits), la cire à bois et à chaussures, les bougies, le vernis, les crayons gras, ainsi que toutes sortes de lotions, de potions et de crèmes. Le plus frappant, c'est qu'une abeille produit seulement une cuillerée à café de miel tout au long de sa vie.

Une abeille ne produit qu'une cuillerée à café de miel tout au long de sa vie.

Gratte-ciel

Comment ce minuscule insecte peut-il édifier une tour **aménagée** et **climatisée** aussi solide que du **béton** ?

N E O S

Les termitières de termites boussoles, dans le nord de l'Australie, sont orientées avec précision.

Cette ombrelle érigée par des termites africains résiste aux fortes pluies.

La célèbre tour Gherkin, à Londres, est conçue sur le modèle d'une termitière ; grâce à un effet d'aspiration naturel, elle est bien ventilée et toujours fraîche.

Un tel édifice nécessite avant tout une équipe nombreuse, mais le chantier peut tout de même durer jusqu'à 50 ans. Compte tenu de leur taille, les termites construisent les logements les plus grands du monde ! Leurs nids les protègent de la chaleur, de la sécheresse et des prédateurs. Les termites forment des colonies innombrables mais toutes les espèces ne construisent pas les mêmes abris.

La reine des termites peut mesurer plus de 15 cm !

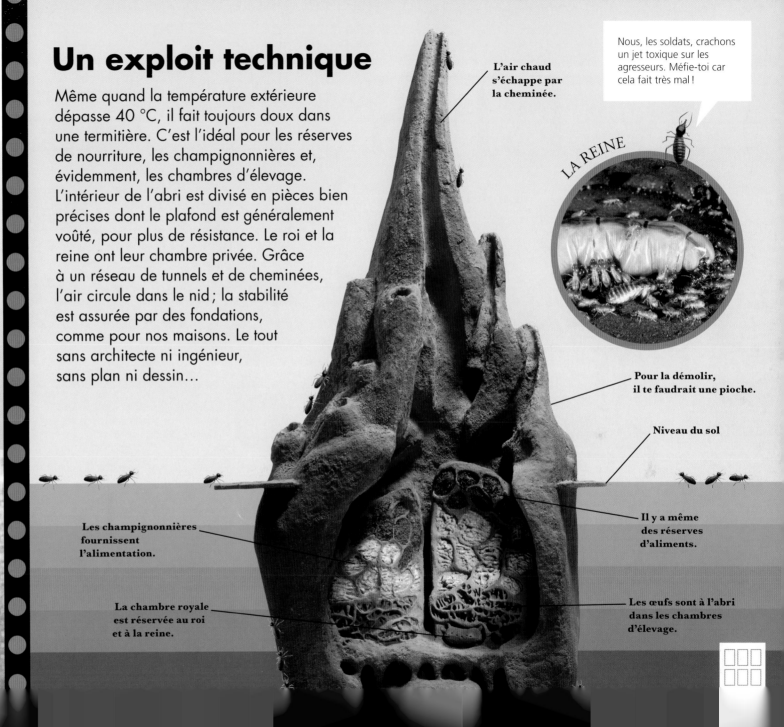

Cette termitière cathédrale d'Australie a environ 100 ans.

Par rapport à moi, cette tour est MONUMENTALE!

Un exploit technique

Même quand la température extérieure dépasse 40 °C, il fait toujours doux dans une termitière. C'est l'idéal pour les réserves de nourriture, les champignonnières et, évidemment, les chambres d'élevage. L'intérieur de l'abri est divisé en pièces bien précises dont le plafond est généralement voûté, pour plus de résistance. Le roi et la reine ont leur chambre privée. Grâce à un réseau de tunnels et de cheminées, l'air circule dans le nid; la stabilité est assurée par des fondations, comme pour nos maisons. Le tout sans architecte ni ingénieur, sans plan ni dessin…

L'air chaud s'échappe par la cheminée.

Nous, les soldats, crachons un jet toxique sur les agresseurs. Méfie-toi car cela fait très mal !

LA REINE

Pour la démolir, il te faudrait une pioche.

Niveau du sol

Il y a même des réserves d'aliments.

Les champignonnières fournissent l'alimentation.

La chambre royale est réservée au roi et à la reine.

Les œufs sont à l'abri dans les chambres d'élevage.

LES 10 ABRIS LES

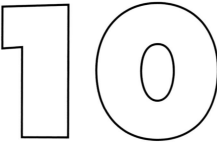

Le pétrole. En Californie, les asticots de la mouche du pétrole vivent dans des flaques de pétrole suintant ; ils mangent les insectes qui s'y noient. Ils peuvent s'immerger dans le pétrole et même en avaler, alors que cette substance est toxique pour presque tous les êtres vivants.

> Nous, on n'aime pas les desserts *FLAMBÉS* !

> Ils n'ont peut-être pas froid, mais moi, si !

La neige et la glace. La puce de neige est l'une des seules petites bêtes qui résiste au gel. Si tu touches l'un de ces charognards, ta chaleur le tuera.

Le ciel. Certaines jeunes araignées voient les choses de haut : emportées par un vent glacial, elles voyagent dans l'atmosphère à 500 km/h. Elles dégèlent en redescendant.

> Un petit hot dog ?

L'eau bouillante. Certaines crevettes vivent près de jets d'eau bouillante, au fond de la mer. L'eau est réchauffée à 350 °C par la lave sous les fonds marins. Mais les crevettes ne s'exposent pas directement à la chaleur : elles restent dans l'eau froide des alentours.

PSCHHHH

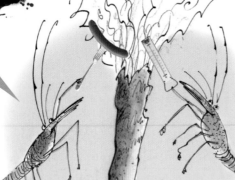

La trompe d'un éléphant de mer. C'est peut-être le logement le plus écœurant : la trompe de ce phoque géant. Mais un certain type d'acarien s'y trouve à l'aise.

> Tout simplement RÉPUGNANT !

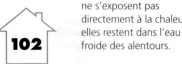

plus bizarres!

La racine des cils.
Neuf personnes sur dix (y compris toi !) abritent des acariens à la racine de leurs cils. Ils dégustent de la graisse en restant bien cachés mais, la nuit, ils partent parfois à la découverte de notre peau.

6

GLOU-OU-OUU !

Le ventre d'une chenille.
Les larves de l'ichneumon, une sorte de guêpe, logent dans les chenilles. Elles mangent les organes de leur hôte, en commençant par les moins importants pour que la chenille survive plus longtemps.

9

Regarde ce que je sais faire !

HUMPH!

La peau d'une baleine.
Les balanes sont des petits crustacés qui passent leur vie adulte fixés par la tête à un support flottant – bateau, baleine – ou à un rocher. Ils filtrent l'eau avec leurs pattes poilues pour manger du plancton.

8

Coucou !

Je touche le fond, là !

10

L'oreille d'un papillon.
Exiguë mais confortable, l'oreille d'un papillon de nuit suffit à loger une espèce d'acarien. Il veille à n'en occuper qu'une à la fois ; sinon, son hôte, devenu sourd, n'entendrait plus approcher les chauves-souris.

7

Les profondeurs.
Les insectes en sont incapables mais une foule d'arthropodes vivent en mer profonde. L'araignée de mer réside à 7 km de profondeur. Dressée sur ses pattes en forme d'échasses, elle aspire l'intérieur des anémones de mer et autres proies à corps mou.

103

Cette chenille *d'Automeris* très colorée a été photographiée dans une forêt tropicale humide du Pérou, en Amérique du Sud. À quoi lui servent donc ses jolies épines vertes ?

Voyons
les choses
en
GRAND !

CETTE CHENILLE PEUT ATTEINDRE 6 CM DE LONG.

Plus un pas !

Ces épines gorgées de venin assurent la défense de l'animal ; mieux vaut ne pas les toucher. Si elles te perçaient la peau, tu souffrirais atrocement. Les prédateurs le savent très bien, eux.

Arachnophobie

Tu as peur des araignées ? Si on classe les arthropodes selon le nombre d'espèces, les arachnides arrivent en deuxième position, juste après les insectes. En plus des araignées, les scorpions, les tiques et autres acariens (pour ne citer que les plus courants) appartiennent à ce groupe. Leurs points communs sont leurs 8 pattes, comme chacun sait, mais aussi les 4 appendices (chélicères et pédipalpes) qui leur servent à manger, toucher et agripper. Contrairement aux insectes, les arachnides n'ont ni yeux à facettes ni antennes ; leur corps n'a que 2 segments. Tous sont carnassiers et beaucoup sont des tueurs redoutables.

Patte

Tégénaire

Scorpion empereur

Les scorpions saisissent leur proie avec leurs pédipalpes géants en forme de pinces.

Scorpion
On reconnaît les scorpions à leurs grosses pinces et à leur queue pointue. Ce sont les plus anciens arachnides. Ils vivent dans les pays chauds et chassent la nuit. Paradoxalement, plus un scorpion est effrayant, moins il est dangereux. Les plus redoutables sont petits et n'ont que de modestes pinces, mais leur queue est gorgée de venin.

Araignée sauteuse
Grâce à leurs yeux globuleux, les araignées sauteuses sont celles qui voient le mieux. Au lieu de tisser une toile, elles guettent leurs proies pour les saisir par surprise.

Opisthosoma (abdomen)

Prosoma (tête + thorax)

Chélicères (terminés par les crochets)

Les petits pédipalpes des araignées sont comme des antennes qui leur servent à repérer leurs aliments.

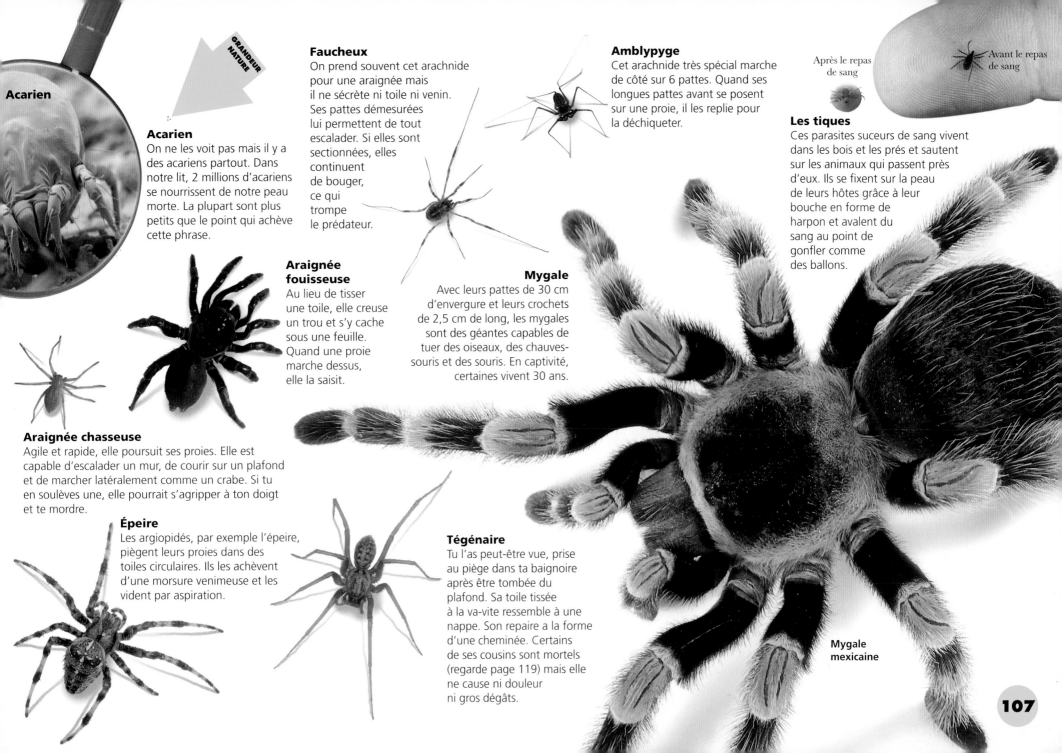

Acarien

Acarien
On ne les voit pas mais il y a des acariens partout. Dans notre lit, 2 millions d'acariens se nourrissent de notre peau morte. La plupart sont plus petits que le point qui achève cette phrase.

GRANDEUR NATURE

Faucheux
On prend souvent cet arachnide pour une araignée mais il ne sécrète ni toile ni venin. Ses pattes démesurées lui permettent de tout escalader. Si elles sont sectionnées, elles continuent de bouger, ce qui trompe le prédateur.

Amblypyge
Cet arachnide très spécial marche de côté sur 6 pattes. Quand ses longues pattes avant se posent sur une proie, il les replie pour la déchiqueter.

Après le repas de sang

Avant le repas de sang

Les tiques
Ces parasites suceurs de sang vivent dans les bois et les prés et sautent sur les animaux qui passent près d'eux. Ils se fixent sur la peau de leurs hôtes grâce à leur bouche en forme de harpon et avalent du sang au point de gonfler comme des ballons.

Araignée fouisseuse
Au lieu de tisser une toile, elle creuse un trou et s'y cache sous une feuille. Quand une proie marche dessus, elle la saisit.

Mygale
Avec leurs pattes de 30 cm d'envergure et leurs crochets de 2,5 cm de long, les mygales sont des géantes capables de tuer des oiseaux, des chauves-souris et des souris. En captivité, certaines vivent 30 ans.

Araignée chasseuse
Agile et rapide, elle poursuit ses proies. Elle est capable d'escalader un mur, de courir sur un plafond et de marcher latéralement comme un crabe. Si tu en soulèves une, elle pourrait s'agripper à ton doigt et te mordre.

Épeire
Les argiopidés, par exemple l'épeire, piègent leurs proies dans des toiles circulaires. Ils les achèvent d'une morsure venimeuse et les vident par aspiration.

Tégénaire
Tu l'as peut-être vue, prise au piège dans ta baignoire après être tombée du plafond. Sa toile tissée à la va-vite ressemble à une nappe. Son repaire a la forme d'une cheminée. Certains de ses cousins sont mortels (regarde page 119) mais elle ne cause ni douleur ni gros dégâts.

Mygale mexicaine

Cet agrandissement t'aidera à comprendre pourquoi une toile d'araignée est si e x t e n s i b l e.

Voici le même fil é t i r é sur 5 fois sa longueur…

… et sur 20 fois sa longueur.

La toile d'araignée est une véritable **prouesse** technique.

Une araignée met environ UNE HEURE à tisser une **toile orbiculaire**, en général la nuit. Fragile face au vent et à la pluie, ce filet doit être réparé 2 ou 3 fois par jour.

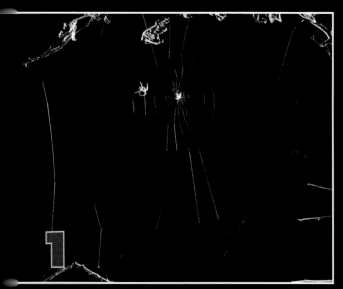

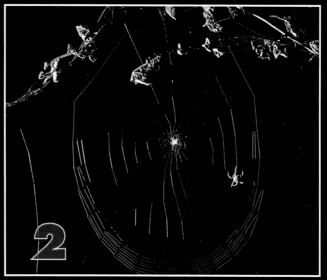

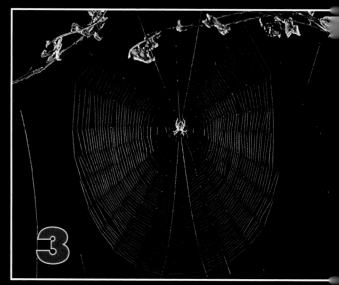

Après avoir fixé le cadre de sa toile sur le support,

Les fils de soie gluante, fixés sur les rayons,

L'araignée attend au centre de sa toile.

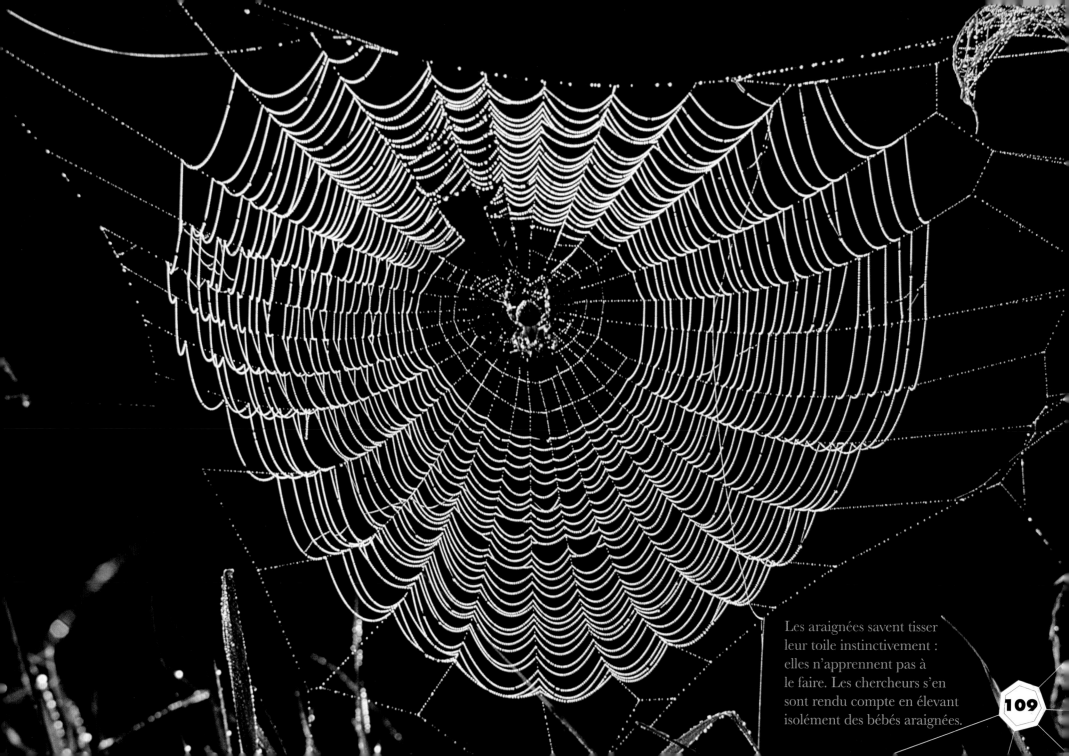

Les araignées savent tisser
leur toile instinctivement :
elles n'apprennent pas à
le faire. Les chercheurs s'en
sont rendu compte en élevant
isolément des bébés araignées.

Les araignées

ne **tissent** pas toutes le même type de **toile.**

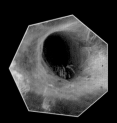

Toile en entonnoir
Elle est souvent cachée dans la fente d'un poteau ou le creux d'un tronc d'arbre. L'araignée s'y abrite en attendant de sauter sur le premier insecte pris au piège.

Entonnoir

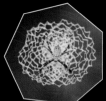

Toile orbiculaire
Plate et en spirale, c'est la plus courante. Après avoir tendu les rayons, l'araignée étire des fils gluants en circonférence autour du centre.

Spirale

Toile en dôme
Certaines de ces toiles étonnantes peuvent couvrir tout un buisson. C'est un assemblage désordonné de fils emmêlés, d'où un insecte piégé a peu de chances de sortir.

Dôme

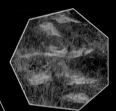

Toile en nappe
Le centre de cette toile est un rectangle qui évoque une nappe ou un drap. Des fils indépendants, entrecroisés au-dessus et en dessous, rabattent les proies vers la toile.

Nappe

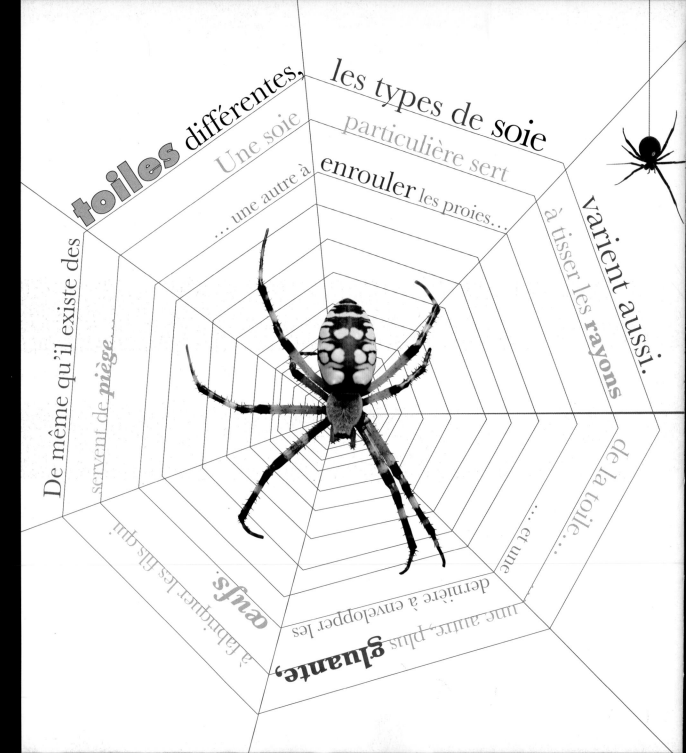

toiles différentes, les types de soie varient aussi.

Une soie particulière sert à tisser les **rayons** de la toile…

… une autre à enrouler les proies…

… et une autre, plus gluante, dernière à envelopper les œufs

à fabriquer les fils qui servent de **piège**…

De même qu'il existe des

Les reines de la toile

Une toile est plus complexe qu'il n'y paraît.

À poids égal, la soie est 5 fois plus résistante que l'acier.

Elle est aussi très é-t-i-r-a-b-l-e, ce qui en fait un redoutable piège à insectes.

Le cadre est dressé en premier afin de fixer la toile à son support.

Plus solide que l'acier

Selon les scientifiques, un fil de cadre du diamètre

d'un crayon serait assez solide pour résister au choc d'un avion en vol.

La soie d'araignée sert à fabriquer toutes sortes de choses : des appâts de pêche, des cordes et des tissus. La toile la plus grande et la plus solide de toutes est celle de la néphile dorée, qui n'est pourtant pas la plus grosse araignée du monde. Elle peut mesurer 6 mètres de long et 2 mètres de large. Malgré de multiples essais, les chercheurs n'arrivent pas à fabriquer de toiles d'araignées artificielles.

Quand elle doit réparer sa toile, l'araignée mange la soie et recommence tout.

ARAIGNÉES sans toile

L'araignée-loup et l'araignée-crabe ne tissent pas de toile. Elles s'embusquent derrière les feuilles et les fleurs pour guetter leurs proies. L'araignée-loup chasse la nuit.

Araignée-loup

Une araignée qui a consommé du café tisse une toile... trouée.

111

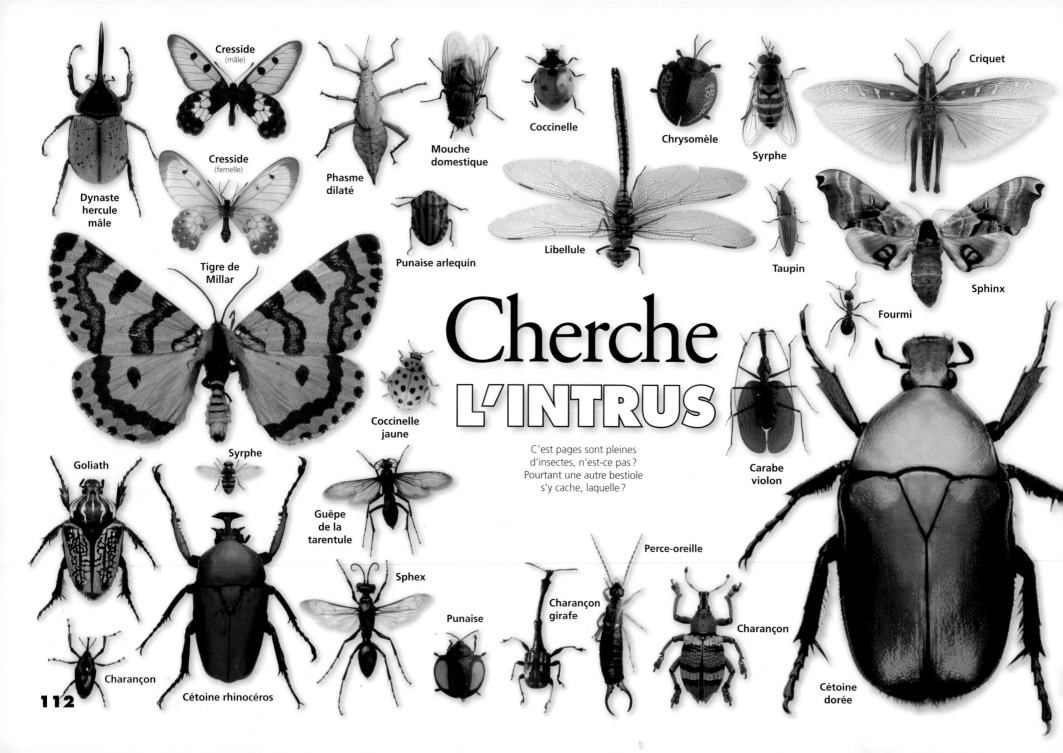

Cresside
(mâle)

Cresside
(femelle)

Dynaste
hercule
mâle

Tigre de
Millar

Phasme
dilaté

Punaise arlequin

Mouche
domestique

Coccinelle

Libellule

Chrysomèle

Syrphe

Taupin

Criquet

Sphinx

Fourmi

Cherche
L'INTRUS

Coccinelle
jaune

C'est pages sont pleines
d'insectes, n'est-ce pas ?
Pourtant une autre bestiole
s'y cache, laquelle ?

Carabe
violon

Syrphe

Goliath

Guêpe
de la
tarentule

Sphex

Perce-oreille

Charançon

Cétoine rhinocéros

Punaise

Charançon
girafe

Charançon

Cétoine
dorée

112

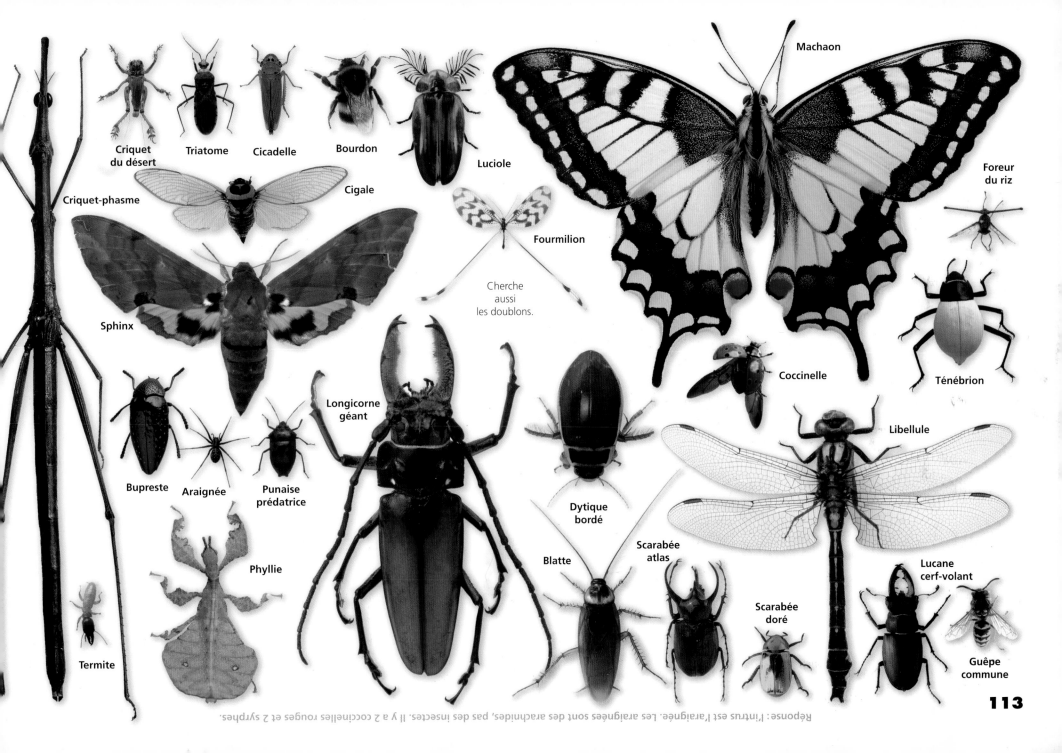

Criquet du désert

Triatome

Cicadelle

Bourdon

Luciole

Machaon

Criquet-phasme

Cigale

Fourmilion

Foreur du riz

Sphinx

Cherche aussi les doublons.

Coccinelle

Ténébrion

Longicorne géant

Libellule

Bupreste

Araignée

Punaise prédatrice

Dytique bordé

Phyllie

Blatte

Scarabée atlas

Lucane cerf-volant

Scarabée doré

Termite

Guêpe commune

113

M'AS-TU *vu* ?

JE SUIS UN PAPILLON IMPÉRIAL
(EACLES IMPERIALIS) DE L'ÉQUATEUR.

Chilopode

Malgré mon surnom, je n'ai pas 1 000 pattes, mais j'en ai au moins 15 paires. Je suis actif surtout la nuit : c'est le meilleur moment pour chasser !

Les chilopodes sont **carnivores** et se nourrissent de petits invertébrés.

Les chilopodes **flottent** : s'ils tombent à l'eau, ils regagnent la rive.

Les chilopodes **fuient** devant l'ennemi.

Les chilopodes ont, pour la plupart, un corps **plat**.

Les chilopodes ont **une paire** de pattes par anneau.

Les chilopodes courent **vite**.

Proportionnellement, les chilopodes sont bien plus rapides qu'un guépard.

La plupart des chilopodes tuent leurs proies grâce à des crochets venimeux situés sous leur tête.

ou diplopode ?

Glomeris marginata se roule en boule quand il a peur.

Les diplopodes se **nourrissent** de végétaux en décomposition.

Les diplopodes **coulent**. S'ils tombent à l'eau, ils se noient.

Les diplopodes **s'enroulent** sur **eux-mêmes** en cas d'attaque.

Les diplopodes ont généralement un corps **cylindrique**.

Les diplopodes ont **2 paires** de pattes par anneau.

Les diplopodes se déplacent **lentement**.

Certains diplopodes exhalent
une mauvaise odeur quand
ils perçoivent un danger.

Je suis moi aussi équipé d'un bon nombre de pattes : entre 60 et 750. Il existe beaucoup plus d'espèces de diplopodes que de chilopodes. Tu peux m'observer facilement, surtout en milieu humide, où je me niche au cœur des feuilles en décomposition.

117

danger!

Explosif
Le bombardier est un coléoptère qui sécrète des substances chimiques dans 2 glandes de son abdomen. En cas de danger, il mélange ces produits qui explosent en dégageant des vapeurs bouillantes et caustiques. Il est même capable de viser sa cible ! Un petit animal atteint en pleine face peut devenir aveugle ou mourir.

Opération kamikaze
Les animaux venimeux qui font le plus de victimes sont les abeilles, en particulier les mellifères africaines. Si l'on s'approche un peu trop de leur ruche, les gardiennes émettent une odeur qui incite le reste de la colonie à attaquer. C'est le début d'un assaut sans fin et de dizaines de piqûres. Mais elles-mêmes n'y survivent pas : une fois leur aiguillon planté, les abeilles ne peuvent pas reprendre leur envol sans déchirer leur abdomen.

Ces arthropodes se **défendent** avec des **armes chimiques**.

guerre chimique

Poils piquants

Les mygales se protègent des assaillants grâce à leurs crochets venimeux mais aussi à des poils urticants situés sur l'abdomen. Quand l'araignée les frotte avec ses pattes avant, ils se détachent et s'enfoncent dans la peau de l'agresseur pour y diffuser des substances irritantes. Si on en reçoit dans les yeux, la douleur est atroce.

Boule puante

Sous le thorax de la punaise arlequin, des glandes émettent un liquide malodorant. Prends une punaise dans le creux de ta main et renifle-la : son odeur d'amande amère est celle du cyanure. Les oiseaux, ses grands ennemis, le sentent très bien eux aussi. Ils sont également avertis par les couleurs vives de la punaise.

La queue qui pique

Le scorpion à queue large d'Afrique du Nord est celui qui tue le plus d'hommes. Son venin renferme des substances neurotoxiques qui diffusent dans tout le corps. Voici ce qui t'attend si tu es piqué : douleurs, essoufflement, affaiblissement, transpiration, salivation excessive, troubles de la vue, roulement des yeux, vomissements, diarrhée, douleurs de poitrine, crise cardiaque, mort.

Baiser mortel

La mygale *Atrax robustus* est l'une des seules araignées capables de tuer un être humain, même si cela arrive rarement. Équipée de crochets assez puissants pour percer un ongle ou une chaussure, elle mord plusieurs fois avec force. Son venin détruit le système nerveux : après des douleurs, convulsions et vomissements, on tombe dans le coma et on meurt.

C'est piquant

Ne touche jamais une chenille velue ou piquante : ses épines et ses poils sont conçus pour se briser en pointes aussi fines que des aiguilles et injecter un venin douloureux. Certaines chenilles se procurent ces substances en mangeant des végétaux toxiques et les stockent, ce qui assurent leur protection.

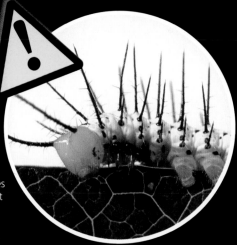

Prends toujours ça !

La piqûre de la fourmi tocandira d'Amérique centrale est la plus atroce de toutes. La douleur, comparable à celle d'une balle d'arme à feu, dure 24 heures. Lors des cérémonies d'initiation de certaines tribus forestières, les garçons doivent montrer leur courage en glissant leur bras dans une bande de tissu pleine de ces «fourmis de feu».

 MORTEL　　 **CORROSIF**　　**! IRRITANT**

" Docteur Arthropode ! "

ANTI-VERRUES + CICATRISANT + ANTI-ULCÉREUX

Dectique verrucivore
(Decticus verrucivorus)

En Europe, ce gros criquet était jadis employé pour supprimer les verrues : il suffisait de le laisser sautiller jusqu'à la verrue et se régaler. On pensait que la salive brune qu'il laissait sur place tuait les cellules infectées. Selon les entomologistes qui ont mené des expériences, c'est à la fois inefficace et très douloureux !

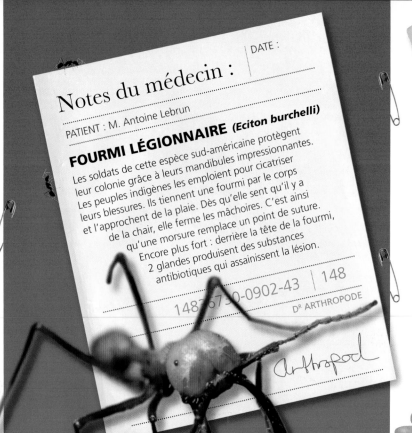

Notes du médecin :

DATE :

PATIENT : M. Antoine Lebrun

FOURMI LÉGIONNAIRE (Eciton burchelli)

Les soldats de cette espèce sud-américaine protègent leur colonie grâce à leurs mandibules impressionnantes. Les peuples indigènes les emploient pour cicatriser leurs blessures. Ils tiennent une fourmi par le corps et l'approchent de la plaie. Dès qu'elle sent qu'il y a de la chair, elle ferme les mâchoires. C'est ainsi qu'une morsure remplace un point de suture. Encore plus fort : derrière la tête de la fourmi, 2 glandes produisent des substances antibiotiques qui assainissent la lésion.

148-5730-0902-43 | 148

Dʀ ARTHROPODE

Arthropod

L'asticothérapie

MOUCHE À VIANDE (Lucilius)

Certaines larves de mouches se nourrissent de chair en décomposition. Si on les pose sur une plaie, elles avalent les parties infectées sans nuire à la chair saine. Comme les fourmis, elles diffusent un antiseptique. Mais il est crucial de bien les choisir : les asticots d'autres espèces aiment la chair fraîche et sont capables de se frayer un chemin jusqu'à la tête du patient.

Les **arthropodes** transmettent plus de **maladies** qu'ils n'en *soignent*, mais CERTAINS peuvent remplacer une infirmière…

PANSEMENT **VIVANT** + ÉLIXIR D'AMOUR + SAIGNÉE

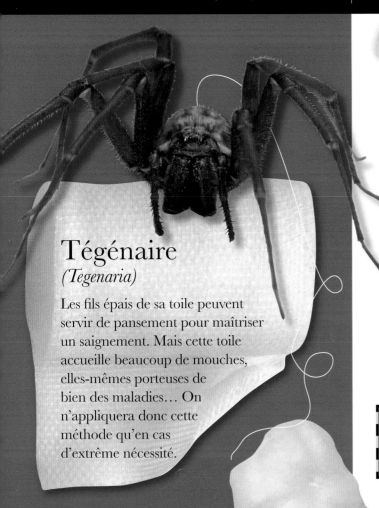

Tégénaire
(Tegenaria)

Les fils épais de sa toile peuvent servir de pansement pour maîtriser un saignement. Mais cette toile accueille beaucoup de mouches, elles-mêmes porteuses de bien des maladies… On n'appliquera donc cette méthode qu'en cas d'extrême nécessité.

CANTHARIDE OFFICINALE (ou mouche d'Espagne)

Cette cantharide produit un poison puissant, la cantharidine, qui fait gonfler la peau et crée des cloques. On l'emploie depuis la nuit des temps pour effacer les tatouages, arrêter les saignements, soulager les douleurs dentaires ou préparer des poisons mortels. Mais elle devint célèbre quand on tenta d'en extraire un aphrodisiaque (sorte de potion d'amour). Le seul effet de la décoction obtenue fut un gonflement douloureux des organes génitaux. Aïe !

> **Attention !** N'essaie pas de fabriquer toi-même des médicaments avec des cantharides : loin de te soigner, cela pourrait te rendre malade !

Sangsue
(Hirudo medicinalis)

La sangsue médicinale n'est pas un arthropode mais un ver hématophage (suceur de sang). Sa salive contient des substances qui liquéfient le sang et l'empêchent de coaguler. C'est très utile pour assurer une bonne circulation du sang chez un malade.

1 Une blatte **décapitée** est capable de *survivre*.

2 Chez les araignées, le **mâle** finit toujours **dévoré** par la **femelle**.

3 Certaines **araignées** pondent *dans la peau des gens*. Au bout de quelques semaines, les bébés **sortent** par dizaines.

4 Les **faucheux** sont les arachnides qui sécrètent le venin le plus **dangereux**, mais leurs crochets sont trop petits pour transpercer la peau de l'homme.

vrai...

6 Vrai. Compte le nombre de sons qu'un criquet émet en 15 secondes et ajoute « 40 » tu obtiendras la température extérieure en degrés Fahrenheit.

7 Faux... ou presque. Comme nous, ils succomberaient à la chaleur et au choc. Mais comme ils vivent sous terre, ils seraient moins exposés à ces ravages. Leur exosquelette renverrait mieux les radiations que notre peau et leur système respiratoire absorberait moins de poussière radioactive que nos poumons. Il n'empêche qu'ils périraient comme nous. La seule véritable supériorité des scorpions, et plus encore des blattes, c'est leur taux de reproduction : ils ont plus de petits que nous et donc plus de chances de laisser des descendants.

8 Faux. C'est déjà le cas.

9 Vrai. Certains vers parasites modifient le comportement de la sauterelle et la poussent à se noyer dans une mare. Les vers sortent alors du corps de leur hôte. Si elle réagit vite, la sauterelle peut enrayer l'infection : elle doit s'exposer au soleil en pleine journée pour que son corps atteigne une température de 40 °C. C'est presque assez pour la tuer, mais les vers n'y survivent pas, eux.

5 Les **éphémères** ne **vivent** qu'**un** jour.

6 Certains vers **parasites** influencent les **sauterelles** au point de les pousser à *se suicider*.

7 Les scorpions survivent à une **bombe atomique**.

8 Un jour, les **insectes** seront les *maîtres du monde*.

9 Le chant du **criquet** indique la **température**.

ou faux ?

5 Faux. Certes, sa phase adulte peut ne durer qu'une heure, mais l'éphémère vit au moins 1 an (parfois jusqu'à 7 ans) sous forme de larve aquatique. Chez les insectes, il n'est pas rare que la vie adulte soit courte, surtout pour les mâles. Il faut dire que, souvent, les adultes n'ont pas de bouche. Et, en cherchant les femelles, les mâles s'épuisent totalement.

4 Faux. Aucune espèce de faucheux n'a de venin mortel.

3 Faux. Aucune araignée ou proche parent ne pond ainsi.

2 Faux. En général, les mâles sont trop prudents pour finir ainsi. Leur but, c'est de s'accoupler avec le plus grand nombre de femelles. Ils s'exposent quand même à l'instinct prédateur de leur partenaire. Chez certaines espèces du Sud-Est asiatique, leur mort est même assurée pendant l'accouplement : la femelle ne cesse de gigoter que quand elle plante ses crochets dans le corps du mâle.

1 Vrai. Mais elle ne survit que 4 à 7 jours, puisqu'elle ne peut plus manger ni boire.

123

Ami OU

Leurs piqûres sont douloureuses mais nos amies **les guêpes** luttent efficacement contre d'innombrables insectes nuisibles tels que les chenilles.

Les abeilles nous fournissent le miel et la cire ; elles transportent aussi le pollen d'une fleur à l'autre, ce qui assure la fécondation des arbres fruitiers et des plantes. Ce sont donc de précieuses amies… sauf la redoutable abeille africaine.

Regardez bien : je vais faire mouche !

Les coccinelles sont elles aussi des prédateurs utiles. Elles se régalent des pucerons qui infestent nos jardins. Certains agriculteurs en achètent pour les relâcher dans leurs serres.

Les bourdons sont de grands pollinisateurs qui circulent de fleur en fleur et permettent aux fruits de se former. Ils sont très efficaces pour féconder les plantes potagères comme les tomates.

Les araignées tuent des milliards d'insectes nuisibles porteurs de maladies, en particulier les mouches. Elles ne causent pas le moindre dégât dans nos maisons ni dans nos jardins.

Bon, d'accord, je suis une ennemie parce que je propage des épidémies, mais je suis aussi une amie car j'assure le recyclage : va voir page 84 !

ennemi ?

On considère trop souvent les **insectes** et les **araignées** comme des bêtes *nuisibles* et envahissantes. En réalité, la plupart sont très utiles. Alors… **amis** ou **ennemis ?**

Les pucerons sucent la sève de toutes sortes de plantes et se reproduisent à une vitesse phénoménale sans s'accoupler. Leurs excréments, riches en sucre, provoquent des moisissures.

Les fourmis charpentières creusent leur nid dans le bois, sans se soucier que ce soit un arbre ou le toit d'une maison. La nuit, elles se faufilent jusque dans nos cuisines pour se régaler d'aliments gras ou sucrés.

Je t'adore, mon chou…

La piéride du chou est un joli papillon, mais sa chenille ne fait pas le bonheur des jardiniers. Elle dévore beaucoup de nos légumes : choux-fleurs, choux verts, choux frisés ou choux de Bruxelles, brocolis, navets, radis, moutarde…

Le ténébrion s'introduit dans les placards de cuisine, où il se régale d'aliments secs : farine, pâtes, biscuits secs, lait en poudre… Une vraie peste !

Les termites ne se contentent pas de loger dans nos poutres : ils les dévorent. Ils sont si discrets qu'ils peuvent dévaster une charpente, les parquets et le mobilier sans que l'on s'en doute.

Jadis, **le doryphore** vivait exclusivement dans les montagnes Rocheuses, aux États-Unis, mais il s'est répandu dans le monde entier. Ses larves dévastent les champs de pommes de terre en dévorant les feuilles des plants.

De la farine moisie ! J'adore !

125

Quel est l'animal qui tue le plus de monde ?

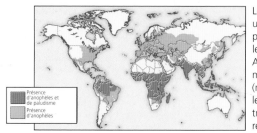

Le paludisme (ou malaria) était jadis une maladie mondiale. Le moustique porteur abonde partout, sauf dans les déserts et les régions froides. Au XXe siècle, l'épidémie a été maîtrisée dans de nombreux pays (mais pas les anophèles). Toutefois, le paludisme et les autres maladies transmises par les moustiques restent courants sous les tropiques.

Présence d'anophèles et de paludisme
Présence d'anophèles

Voici le coupable : l'anophèle femelle. Ce modeste moustique a causé près de la moitié des décès de l'histoire de l'humanité. Quand une femelle porteuse pique notre peau pour aspirer du sang, elle y injecte les germes microscopiques d'une maladie mortelle. La plus courante est le paludisme, qui provoque environ 2 millions de morts par an. Mais ce n'est pas la seule. Un voyage dans une région atteinte expose aussi aux maladies ci-dessous.

Avant le déjeuner...

... et après

Les femelles sucent notre sang pour produire leurs œufs. Les mâles, eux, ne piquent pas ; ils sont si menus qu'on les remarque à peine. Le moment où tu risques le plus d'être attaqué, c'est le soir, par temps calme : dans la journée, les moustiques se reposent, et quand il y a du vent, ils restent chez eux. La femelle boit tant de sang que son abdomen gonfle et rougit. Sa salive contient une substance qui t'empêche de sentir la douleur jusqu'à ce qu'il soit trop tard.

Ce que *les moustiques* peuvent transmettre

LA DENGUE cause une éruption de taches rouges et des douleurs osseuses et articulaires.

LA FIÈVRE JAUNE fait vomir du sang noir et jaunit la peau. Elle peut entraîner le coma et la mort.

LE VIRUS DU NIL OCCIDENTAL se diffuse par le sang jusqu'au cerveau, qui peut enfler mortellement.

LE PALUDISME, souvent mortel, provoque des poussées de fièvre régulières tous les 2 ou 3 jours.

L'ÉLÉPHANTIASIS entraîne un gonflement des jambes : un ver filaire, répandu par les moustiques, loge sous la peau.

Les germes du paludisme se développent dans les **globules rouges** (ici en gros plan).

Pendant l'été 1790, **10 %** des habitants de Philadelphie…

Dans le monde entier, **1** décès sur **17** est dû à une piqûre de moustique.

Le paludisme peut te tuer en **1 jour** ou couver pendant **30 ans**.

… succombèrent au **paludisme**.

Chaque année, **500 millions** de personnes attrapent le paludisme.

La forme grave du paludisme tue **1** malade sur **5**.

Pendant la construction du canal de Panama, **22 000** ouvriers français moururent de **paludisme** ou de **fièvre jaune**.

Un enfant meurt de **paludisme** toutes les **12** secondes.

Plus de **la moitié** de l'armée napoléonienne a succombé au paludisme en 1802, en envahissant Haïti.

Le paludisme n'atteint pas que les êtres humains : les moustiques tombent malades eux aussi.

Les arthropodes en danger :

De nombreux **arthropodes** sont en **voie de disparition :** ces espèces sont en situation PRÉOCCUPANTE, menacées ou déjà DISPARUES.

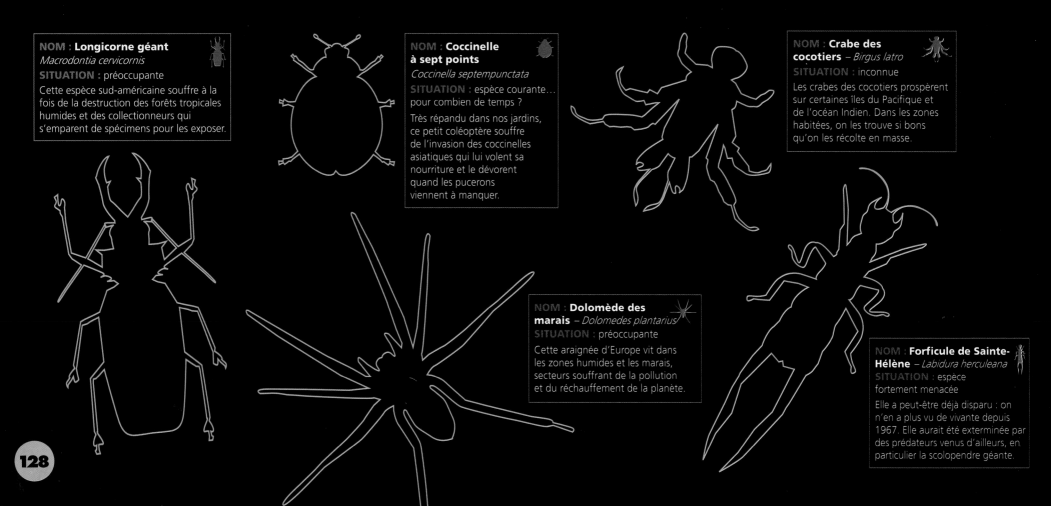

NOM : **Longicorne géant**
Macrodontia cervicornis
SITUATION : préoccupante
Cette espèce sud-américaine souffre à la fois de la destruction des forêts tropicales humides et des collectionneurs qui s'emparent de spécimens pour les exposer.

NOM : **Coccinelle à sept points**
Coccinella septempunctata
SITUATION : espèce courante… pour combien de temps ?
Très répandu dans nos jardins, ce petit coléoptère souffre de l'invasion des coccinelles asiatiques qui lui volent sa nourriture et le dévorent quand les pucerons viennent à manquer.

NOM : **Crabe des cocotiers** – *Birgus latro*
SITUATION : inconnue
Les crabes des cocotiers prospèrent sur certaines îles du Pacifique et de l'océan Indien. Dans les zones habitées, on les trouve si bons qu'on les récolte en masse.

NOM : **Dolomède des marais** – *Dolomedes plantarius*
SITUATION : préoccupante
Cette araignée d'Europe vit dans les zones humides et les marais, secteurs souffrant de la pollution et du réchauffement de la planète.

NOM : **Forficule de Sainte-Hélène** – *Labidura herculeana*
SITUATION : espèce fortement menacée
Elle a peut-être déjà disparu : on n'en a plus vu de vivante depuis 1967. Elle aurait été exterminée par des prédateurs venus d'ailleurs, en particulier la scolopendre géante.

qui risque de disparaître ?

Ils se raréfient à cause de la **destruction** de leur habitat, des moissons, de **l'introduction** d'espèces étrangères… Bref, à cause des HOMMES.

NOM : **Coléoptère de l'île Frégate** – *Polposipus herculeanus*
SITUATION : espèce fortement menacée
Ce coléoptère ne vit que sur une île bien précise des Seychelles. Dévoré par des prédateurs étrangers, il est aussi privé de logement par un champignon qui détruit certains arbres.

NOM : **Weta géante**
Deinacrida spp.
SITUATION : préoccupante
Cette grosse sauterelle des îles néo-zélandaises se fait dévorer par des animaux importés : chats, rats et hérissons.

NOM : **Ornithoptère de la reine Alexandra** – *Ornithoptera alexandrae*
SITUATION : espèce menacée
Il ne butine qu'une plante bien précise qui se trouve menacée par la déforestation de la Papouasie-Nouvelle-Guinée. Les collectionneurs participent eux aussi à la disparition de ce papillon, le plus grand et le plus rare de tous.

NOM : **Mégachile géante**
Megachile pluto
SITUATION : inconnue
On l'a cru disparue mais cette abeille indonésienne loge dans les nids de termites et reste donc peu visible. C'est la plus grosse du monde.

NOM : **Fourmi rufibarbis**
Formica rufibarbis
SITUATION : espèce menacée
Cette fourmi britannique rare perd ses terres à mesure que l'on agrandit les villes. La fourmi esclavagiste la menace également : elle détruit les nids pour y voler des larves dont elle fera des ouvrières.

AVONS-NOUS VU LES DERNIERS SPÉCIMENS ?

CHACUN SON MÉTIER

Récolter le miel, c'est du sport !

Voici un échantillon.
Reste à rédiger les étiquettes.

Mon bonheur, c'est de faire le bonheur
des visiteurs.

Sale boulot, mais il faut bien
que quelqu'un le fasse !

APICULTEUR

Les vêtements de protection sont en tissu clair et lisse, contrairement aux prédateurs des abeilles, qui sont poilus et sombres comme les ours.

C'est l'été dans l'hémisphère Nord : cet apiculteur récolte le produit de 9 mois de travail autour de ses ruches : le miel. Même s'il est protégé par un voile et un chapeau, il s'approche de la ruche avec prudence. Attirées par son souffle, les abeilles pourraient le piquer au visage, ce qui serait très douloureux.

TAXONOMISTE

On estime que 30 millions d'espèces vivent sur la Terre. Les taxonomistes en auraient classifié à peine 4 % (1,2 million).

Pour identifier et nommer un insecte, les taxonomistes ont besoin de spécimens. Par exemple, on pulvérise du pesticide sur les insectes des canopées afin qu'ils tombent sur une toile tendue en dessous. Certaines espèces sont étudiées avec des microscopes électroniques qui les grossissent 200 000 fois.

CONSERVATEUR DE MUSÉE

Le conservateur expose une collection, mais, surtout, il l'entretient. C'est crucial quand le musée détient une pièce unique.

Tu ne t'es jamais demandé qui entretient les salles des musées ? C'est le conservateur. Spécialiste hautement qualifié, il se procure les pièces à exposer, les met en valeur et rédige les légendes et textes d'accompagnement. Il se charge aussi d'en vérifier l'authenticité.

DESTRUCTEUR DE NUISIBLES

En plein air ou à l'abri, il détruit les guêpiers dans les maisons ou élimine les blattes des cuisines de restaurants, par exemple.

Combinaison, masque et lunettes : il faut se protéger pour projeter des pesticides chimiques. Ce travail de défense des plantes et des hommes repose sur la manipulation de substances et d'outils dangereux. Il faut aussi parfois creuser des trous, abattre des arbres ou monter sur une échelle.

ÇA TE PLAIRAIT DE FAIRE *ÇA* ?

Les bêtes mortes nous révèlent bien des choses.

La main à la pâte - façon de parler !

Prudence avant tout : il ne faudrait pas faire tomber l'insecte.

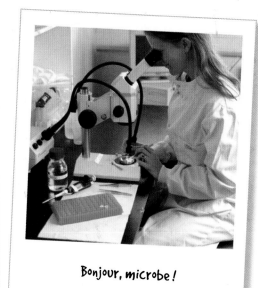

Bonjour, microbe !

ENTOMOLOGISTE MÉDICOLÉGAL

Ce spécialiste cherche des indices sur le lieu d'un crime ou analyse des éléments que la police lui a fournis.

L'entomologiste médicolégal est une sorte de détective. Il étudie des insectes dans son laboratoire afin de collecter des informations. Les mouches et les asticots permettent de dater un décès ; une guêpe écrasée sur un pare-brise indique dans quelle direction la voiture roulait, etc.

GARDIEN DE ZOO

Les gardiens de zoo travaillent souvent la nuit et le dimanche : ils jouent le rôle de parents des animaux !

Si tu trouves qu'un animal de compagnie, c'est du travail, imagine la tâche d'un gardien de zoo ! Il doit tout surveiller, aménager et entretenir les cages, nourrir les animaux et veiller sur leur santé. Sans compter les explications aux visiteurs, les appels aux vétérinaires et les rencontres avec les autres spécialistes…

SPÉCIALISTE DE LA CONSERVATION

En organisant des programmes de réintroduction d'espèces, il protège les animaux en voie de disparition.

Il est à la fois chercheur et agent de communication. Il dresse la liste des espèces menacées – si, par exemple, un chantier met en danger un papillon rare, il milite pour que les plans soient revus, tout en informant le public sur l'espèce en question.

CHERCHEUR SCIENTIFIQUE

Patience et longueur de temps : quand une expérience n'aboutit pas, il faut la répéter, même si elle dure longtemps.

Les chercheurs ne passent même pas la moitié de leur temps au laboratoire : ils rédigent surtout des rapports et des comptes-rendus d'analyses. Leurs expériences consistent à disséquer des animaux ou à en décoder l'ADN pour étudier de près leur évolution.

Ça donne des *idées* !

La **tour Gherkin**, à Londres, doit à sa forme son surnom de « tour cornichon ». Elle est inspirée des **termitières**, en particulier son système de ventilation, très économe en énergie.

Le **scooter Vespa** vrombit comme une guêpe. Pas étonnant qu'il porte ce nom, qui veut dire **« guêpe »** en italien.

Les insectes sont petits mais certains sont très célèbres ! Le nom des **Beatles**, célèbre groupe de musique pop, est un **jeu de mots** entre *beat* (rythme) et *beetle* (scarabée).

Si tu **dévores** des livres comme le poisson d'argent, tu aimeras sûrement *La Chenille qui fait des trous* d'Eric Carle, ou *La Coccinelle* d'Anne Six.

Les anciens Égyptiens adoraient les **scarabées**, qu'ils croyaient nés de nulle part. (En vérité, ils naissent sous terre et rampent jusqu'à la surface.) On vend toujours des amulettes inspirées de **bijoux porte-bonheur** anciens.

LA NATURE inspire souvent l'art et la **science**. Sauras-tu **découvrir** le *rôle* que les insectes ont **joué** dans **la création** de ces OBJETS ?

Le **Vol du bourdon**, composition musicale de Rimski-Korsakov, s'inspire d'un conte russe traditionnel où un jeune tsar est transformé en bourdon. Par son rythme saccadé, cette œuvre réussit à imiter le déplacement des bourdons sans le secours des images !

Cette **mouche** géante en métal orne le balcon de l'Institut d'hygiène et de médecine tropicale de Londres. Au moins, les scientifiques peuvent être sûrs que l'insecte métallique ne transmettra pas de **maladies** !

Le Vol du bourdon

Cette voiture **Volkswagen** a un nom de coléoptère dans presque toutes les langues (en français : **coccinelle**). Toutefois, en Bolivie, on la surnomme « tortue » (*Peta*) et, en Indonésie, c'est une grenouille (*Kodok*).

Spiderman (« L'homme-araignée ») escalade les immeubles comme une araignée, tisse des toiles comme une araignée et sauve le monde… comme lui seul sait le faire !

Les **rugbymen** de Londres portent un maillot rayé par allusion à leur surnom : les *Wasps*, c'est-à-dire les Guêpes. Quand l'équipe fut créée, en 1867, donner aux sportifs un sobriquet inspiré d'un animal était à la mode.

ILS BATTENT DES RECORDS

MIGRATION

Certains animaux se lancent dans un long voyage pour changer de résidence : c'est la migration. Il existe des arthropodes qui parcourent des milliers de kilomètres en se laissant porter par le vent. En Afrique, le criquet pèlerin *(Schistocerca gregaria)* parcourt le désert du Sahara en profitant du vent pour aller chercher de quoi se nourrir. En 1988, un essaim entier traversa l'Atlantique à cause de vents tropicaux qui avaient tourné à l'ouragan. Les criquets atterrirent au Surinam, en Guyane et aux îles Vierges.

le + long   le + rapide   le + grand   le + petit   le + vieux

L'INSECTE le plus LONG

Pharnacia kirbiyi, phasme des jungles de Bornéo, ne mesure pas moins de 55 cm de long – presque autant que ce livre ouvert.

Le plus rapide

La blatte américaine est l'insecte le plus rapide à terre : elle court à 5,4 km/h. Mais des chercheurs ont rapporté aussi que la cicindèle d'Australie filerait à 8,96 km/h, soit 2 fois plus vite.

L'abri le plus HAUT

Les bâtiments non humains les plus élevés sont les **termitières africaines** : 13 m de haut. Proportionnellement, nous ne pourrions battre ce record qu'en édifiant un immeuble de 4,5 km de haut !

Le plus grand SAUT

La puce du chat détient la médaille du saut en hauteur : jusqu'à 34 cm, soit 140 fois sa taille. À notre échelle, l'équivalent serait de passer par-dessus un immeuble de 45 étages.

Le plus grand PAPILLON

L'ornithoptère de la reine Alexandra, en Papouasie-Nouvelle-Guinée, atteint une envergure de 28 cm. Le plus grand papillon de nuit est l'hercule d'Australie : 28 cm d'envergure.

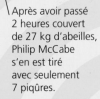

Après avoir passé 2 heures couvert de 27 kg d'abeilles, Philip McCabe s'en est tiré avec seulement 7 piqûres.

LE PLUS DE BÉBÉS

Les insectes sociaux sont les arthropodes qui ont le plus grand nombre de bébés. Une reine d'abeille pond 200 000 œufs par an et vit 4 ans. Elle peut donc donner naissance à 800 000 fourmis dans sa vie. Mais c'est la reine termite qui détient le record. Au rythme de 21 œufs par minute, elle pond 30 000 œufs par jour. Elle vit une dizaine d'années et peut ainsi avoir 100 millions de petits.

le + paresseux   le + jeune   le + vieux   le + bruyant

La vie la plus COURTE

Avec une vie d'adulte d'une journée, **l'éphémère** mérite bien son nom. Les *Dolonia americana* femelles adultes ne vivent que 5 minutes. Les pucerons se reproduisent le plus vite : 5 jours après leur naissance.

L'ARAIGNÉE la plus petite

Patu marplesi des îles Samoa est l'araignée la plus petite au monde : 0,43 mm de long. Mais certains acariens sont bien plus minuscules. L'insecte le plus riquiqui est une guêpe sans ailes de 0,14 mm de long.

Le repos le plus LONG

La pupe de la phalène du yucca peut attendre 19 ans avant de naître sous sa forme adulte. Cette période d'attente, la diapause, permet à beaucoup d'insectes de se protéger du froid ou de la sécheresse.

LA PLUS GRANDE TOILE

La néphile dorée tisse une toile de 3 m de large. Parfois, cette toile est suspendue au-dessus d'une rivière et est assez solide pour piéger de petits oiseaux.

le + jeune le + paresseux le + parfumé

Le plus RAPIDE

Les sphinx détiennent le record du monde de vitesse pour un insecte volant, ex aequo avec le taon, le gastrophile et certains papillons de jour : 39 km/h.

LE PLUS de battement d'ailes

Le moucheron *Forcipomyia* bat des ailes 1 046 fois par seconde. Les muscles de ses ailes sont les plus rapides que l'on connaisse.

La plus BRUYANTE

La cigale mâle peut chanter à 109 décibels : c'est presque aussi puissant qu'un marteau-piqueur. On l'entend à 500 m de distance

Le plus gros MANTEAU D'ABEILLES

En juin 2005, l'Irlandais **Philip McCabe** s'est mis en danger de mort en se couvrant de 200 000 abeilles ; le record du monde reste toutefois entre les mains d'un Californien, Mark Biancaniello, avec 350 000 abeilles.

LE PLUS VIEUX

Les insectes qui vivent le plus longtemps sont les coléoptères xylophages : ils passent jusqu'à 50 ans sous forme de larve avant leur vie d'adulte. Les reines des fourmis ont, quant à elles, la vie d'adulte la plus longue, puisque certaines passent 30 ans à la tête de leur colonie.

le + petit le + haut

Nous sommes ici reproduits grandeur nature...

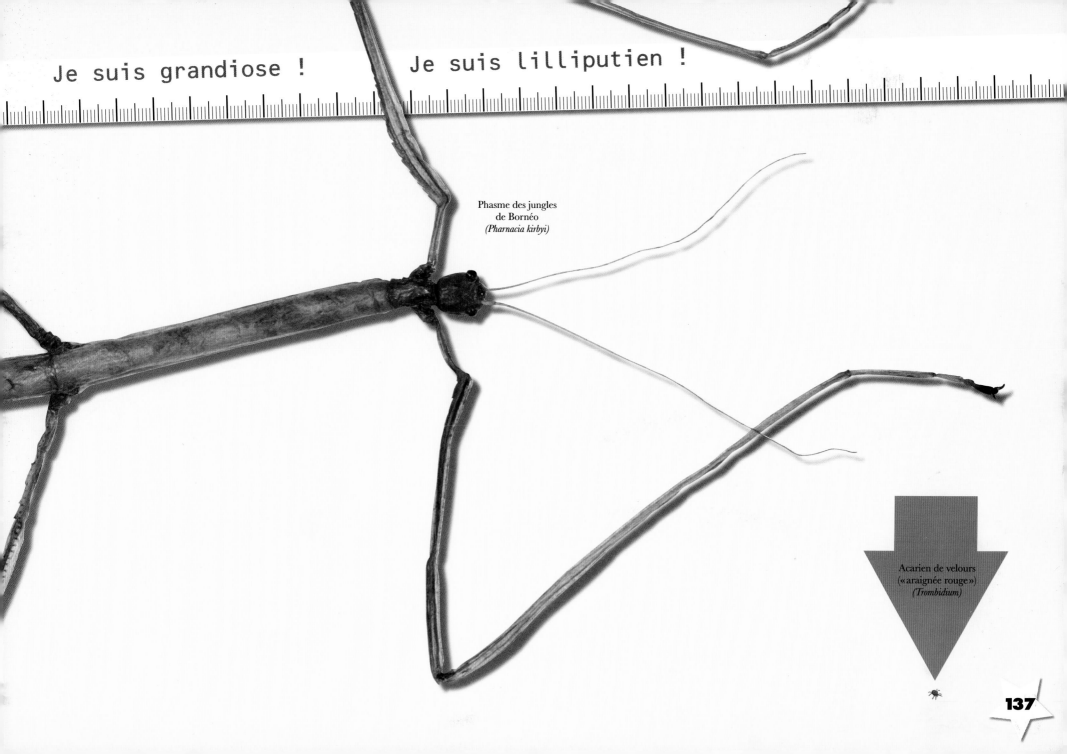

Je suis grandiose !   Je suis lilliputien !

Phasme des jungles
de Bornéo
(Pharnacia kirbyi)

Acarien de velours
(« araignée rouge »)
(Trombidum)

LEXIQUE

Abdomen. Partie du corps où se trouvent les organes digestifs et reproducteurs. Chez l'insecte, l'abdomen se situe à l'arrière du corps.

Antennes. Longs organes sensoriels situés sur la tête des arthropodes. Ils perçoivent le toucher, le goût et l'odorat et détectent les vibrations.

Arachnides. Classe d'arthropodes dotés de 8 pattes : araignées, scorpions, acariens…

Arthropode. Animal dont le squelette articulé est externe.

Branchies. Organe respiratoire de certains animaux aquatiques.

Camouflage. Motifs ou couleurs qui permettent à un animal de se fondre dans le paysage pour échapper à ses ennemis.

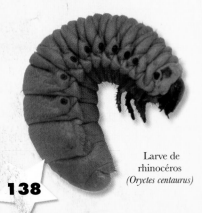

Larve de
rhinocéros
(Oryctes centaurus)

Chenille. Larve sans ailes d'un papillon de jour ou de nuit.

Chrysalide. Nymphe d'un papillon de jour, protégée par une enveloppe extérieure rigide.

Cocon. Enveloppe en soie qui entoure la nymphe d'un papillon de nuit.

Colonie. Groupe d'animaux qui vivent ensemble. Les insectes sociables tels que les abeilles et les fourmis forment des colonies.

Crochet. Longue dent pointue.

Crustacés. Classe d'arthropodes aquatiques pour la plupart. Les crabes, les crevettes, les homards et les cloportes sont des crustacés.

Entomologie. Science qui étudie les insectes.

Espèce. Unité de base de la classification des animaux. Les membres d'une espèce s'accouplent ensemble mais pas avec des individus d'autres espèces.

Exosquelette. Squelette externe d'un animal.

Haltères. Paire de baguettes situées de part et d'autre du corps des mouches et qui les stabilisent en vol.

Insectes. Classe d'arthropodes dont le corps est constitué de 3 parties et porte 6 pattes.

Invertébré. Animal dépourvu de colonne vertébrale. Tous les arthropodes sont des invertébrés, de même que les vers de terre, les escargots, les limaces et de nombreuses créatures marines.

Larve. Forme immature, d'aspect très différent de l'animal adulte. La chenille est la larve du papillon.

Métamorphose. Changement profond de forme qui a lieu quand une larve (insecte immature) prend sa forme adulte. Pendant la métamorphose, la chenille devient papillon.

Migration. Long voyage d'un animal qui change de lieu de vie. Certains animaux migrent régulièrement chaque année.

Mue. Renouvellement de l'exosquelette d'un arthropode qui a grandi.

Nectar. Liquide sucré produit par les fleurs afin d'attirer les insectes pollinisateurs.

Nymphe. Forme immature d'un insecte similaire à sa forme adulte. Une nymphe passe au stade adulte après plusieurs mues.

Œil à facettes. Œil constitué de multiples unités qui renvoient chacune une vue de l'extérieur.

Organes digestifs. Ensemble des organes qui transforment les aliments afin qu'ils soient absorbés.

Parasite. Petit organisme qui réside sur ou dans le corps d'un organisme vivant plus grand, et qui s'en nourrit.

Pédipalpes. Appendices en forme de petits bras fixés de part et d'autre de la bouche d'un arachnide.

Pollen. Substance poudreuse des fleurs qui contient les cellules sexuelles mâles. Une fois transmis à la partie femelle de la fleur, le pollen permet le développement de graines entourées ou non d'un fruit.

Pollinisation. Transmission du pollen aux organes femelles d'une fleur. C'est une étape cruciale de la vie de nombreux végétaux.

Prédateur. Animal qui tue et dévore d'autres animaux.

Proie. Animal victime d'un prédateur.

Pupe. Nymphe des insectes diptères.

Ruche. Abri artificiel où loge une colonie d'abeilles.

Sève. Liquide qui circule dans les plantes pour les alimenter.

Soie. Fil souple et résistant produit par les araignées pour construire leurs toiles ou par les chenilles pour faire leur cocon.

Stigmate. Trou dans l'exosquelette d'un arthropode qui assure la circulation de l'air dans l'organisme.

Thorax. Partie centrale du corps d'un insecte, entre la tête et l'abdomen.

Trompe. Tube flexible dont les papillons, entre autres, se servent pour aspirer le nectar des fleurs.

Venin. Substance toxique qu'un animal injecte à son ennemi en le mordant ou en le piquant.

Fourmis des bois
(Formica rufa)

Mouche domestique
(*Musca domestica*)

Weta géante
(*Deinacrida rugosa*)

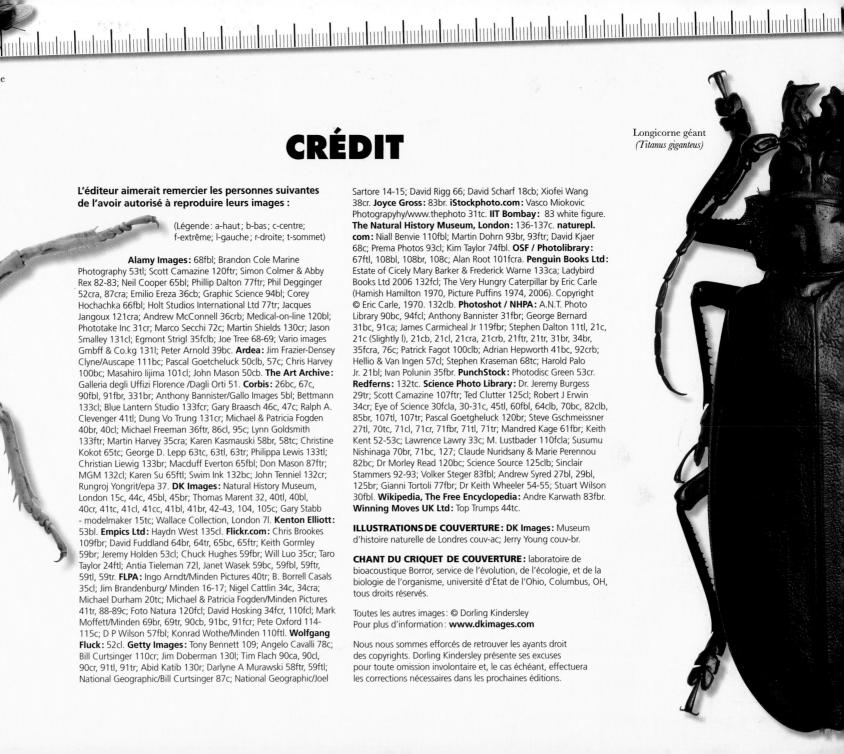

Longicorne géant
(*Titanus giganteus*)

CRÉDIT

L'éditeur aimerait remercier les personnes suivantes de l'avoir autorisé à reproduire leurs images :

(Légende : a-haut ; b-bas ; c-centre ; f-extrême ; l-gauche ; r-droite ; t-sommet)

Alamy Images : 68fbl; Brandon Cole Marine Photography 53tl; Scott Camazine 120ftr; Simon Colmer & Abby Rex 82-83; Neil Cooper 65bl; Phillip Dalton 77ftr; Phil Degginger 52cra, 87cra; Emilio Ereza 36cb; Graphic Science 94bl; Corey Hochachka 66fbl; Holt Studios International Ltd 77tr; Jacques Jangoux 121cra; Andrew McConnell 36crb; Medical-on-line 120bl; Phototake Inc 31cr; Marco Secchi 72c; Martin Shields 130cr; Jason Smalley 131cl; Egmont Strigl 35fclb; Joe Tree 68-69; Vario images Gmbff & Co.kg 131l; Peter Arnold 39bc. **Ardea :** Jim Frazier-Densey Clyne/Auscape 111bc; Pascal Goetcheluck 50clb, 57c; Chris Harvey 100bc; Masahiro Iijima 101cl; John Mason 50cb. **The Art Archive :** Galleria degli Uffizi Florence /Dagli Orti 51. **Corbis :** 26bc, 67c, 90fbl, 91fbr, 331br; Anthony Bannister/Gallo Images 5bl; Bettmann 133cl; Blue Lantern Studio 133fcr; Gary Braasch 46c, 47c; Ralph A. Clevenger 41tl; Dung Vo Trung 131cr; Michael & Patricia Fogden 40br, 40cl; Michael Freeman 36ftr, 86cl, 95c; Lynn Goldsmith 133ftr; Martin Harvey 35cra; Karen Kasmauski 58br, 58tc; Christine Kokot 65tc; George D. Lepp 63tc, 63tl, 63tr; Philippa Lewis 133tl; Christian Liewig 133br; Macduff Everton 65fbl; Don Mason 87ftr; MGM 132cl; Karen Su 65ftl; Swim Ink 132bc; John Tenniel 132cr; Rungroj Yongrit/epa 37. **DK Images :** Natural History Museum, London 15c, 44c, 45bl, 45br; Thomas Marent 32, 40tl, 40bl, 40cr, 41tl, 41cl, 41cc, 41bl, 41br, 42-43, 104, 105c; Gary Stabb - modelmaker 15tc; Wallace Collection, London 7l. **Kenton Elliott :** 53bl. **Empics Ltd :** Haydn West 135cl. **Flickr.com :** Chris Brookes 109fbr; David Fuddland 64br, 64tr, 65bc, 65tr; Keith Gormley 59br; Jeremy Holden 53cl; Chuck Hughes 59fbr; Will Luo 35cr; Taro Taylor 24ftl; Antia Tieleman 72l; Janet Wasek 59bc, 59fbl, 59ftr, 59tl, 59tr. **FLPA :** Ingo Arndt/Minden Pictures 40tr; B. Borrell Casals 35cl; Jim Brandenburg/ Minden 16-17; Nigel Cattlin 34c, 34cra; Michael Durham 20tc; Michael & Patricia Fogden/Minden Pictures 41tr, 88-89c; Foto Natura 120fcl; David Hosking 34fcr, 110fcl; Mark Moffett/Minden 69bc, 69tr, 90cb, 91bc, 91fcr; Pete Oxford 114-115c; D P Wilson 57fbl; Konrad Wothe/Minden 110ftl. **Wolfgang Fluck :** 52cl. **Getty Images :** Tony Bennett 109; Angelo Cavalli 78c; Bill Curtsinger 110cr; Jim Doberman 130l; Tim Flach 90ca, 90cl, 90cr, 91tl, 91tr; Abid Katib 130r; Darlyne A Murawski 58ftr, 59ftl; National Geographic/Bill Curtsinger 87c; National Geographic/Joel Sartore 14-15; David Rigg 66; David Scharf 18cb; Xiofei Wang 38cr. **Joyce Gross :** 83br. **iStockphoto.com :** Vasco Miokovic Photograpyhy/www.thephoto 31tc. **IIT Bombay :** 83 white figure. **The Natural History Museum, London :** 136-137c. **naturepl.com :** Niall Benvie 110fbl; Martin Dohrn 93br, 93ftr; David Kjaer 68c; Prema Photos 93cl; Kim Taylor 74fbl. **OSF / Photolibrary :** 67ftl, 108bl, 108br, 108c; Alan Root 101fcra. **Penguin Books Ltd :** Estate of Cicely Mary Barker & Frederick Warne 133ca; Ladybird Books Ltd 2006 132fcl; The Very Hungry Caterpillar by Eric Carle (Hamish Hamilton 1970, Picture Puffins 1974, 2006). Copyright © Eric Carle, 1970. 132clb. **Photoshot / NHPA :** A.N.T. Photo Library 90bc, 94fcl; Anthony Bannister 31fbr; George Bernard 31bc, 91ca; James Carmicheal Jr 119fbr; Stephen Dalton 11tl, 21c, 21c (Slightly l), 21cb, 21cl, 21cra, 21crb, 21ftr, 21tr, 31br, 34br, 35fcra, 76c; Patrick Fagot 100clb; Adrian Hepworth 41bc, 92crb; Hellio & Van Ingen 57cl; Stephen Kraseman 68tc; Harold Palo Jr. 21bl; Ivan Polunin 35fbr. **PunchStock :** Photodisc Green 53cr. **Redferns :** 132tc. **Science Photo Library :** Dr. Jeremy Burgess 29tr; Scott Camazine 107ftr; Ted Clutter 125cl; Robert J Erwin 34cr; Eye of Science 30fcla, 30-31c, 45tl, 60fbl, 64clb, 70bc, 82clb, 85br, 107tl, 107tr; Pascal Goetgheluck 120br; Steve Gschmeissner 27tl, 70tc, 71cl, 71cr, 71fbr, 71tl, 71tr; Mandred Kage 61fbr; Keith Kent 52-53c; Lawrence Lawry 33c; M. Lustbader 110fcla; Susumu Nishinaga 70br, 71bc, 127; Claude Nuridsany & Marie Perennou 82bc; Dr Morley Read 120bc; Science Source 125clb; Sinclair Stammers 92-93; Volker Steger 83fbl; Andrew Syred 27bl, 29bl, 125br; Gianni Tortoli 77fbr; Dr Keith Wheeler 54-55; Stuart Wilson 30fbl. **Wikipedia, The Free Encyclopedia :** Andre Karwath 83fbr. **Winning Moves UK Ltd :** Top Trumps 44tc.

ILLUSTRATIONS DE COUVERTURE : DK Images : Museum d'histoire naturelle de Londres couv-ac; Jerry Young couv-br.

CHANT DU CRIQUET DE COUVERTURE : laboratoire de bioacoustique Borror, service de l'évolution, de l'écologie, et de la biologie de l'organisme, université d'État de l'Ohio, Columbus, OH, tous droits réservés.

Toutes les autres images : © Dorling Kindersley
Pour plus d'information : **www.dkimages.com**

Nous nous sommes efforcés de retrouver les ayants droit des copyrights. Dorling Kindersley présente ses excuses pour toute omission involontaire et, le cas échéant, effectuera les corrections nécessaires dans les prochaines éditions.

index

abeilles 19, 21, 23, 44, 74,
96-99, 124, 129, 130
mellifères 31, 74, 96-99,
118, 124, 134, 135
acariens 8, 15, 16, 17, 80, 83,
102, 103, 107, 137
aiguillons, 19, 118, 119
ailes 19-21, 46, 61, 135
alimentation 60, 61, 80-81
animaux de compagnie 72-75
anophèle 126-127
arachnides 8, 10, 106-111
araignées 8, 17, 81, 100,
106-111, 119, 122, 124,
128, 135
de mer 103
sauteuses 45, 69, 106
tisseuses 45
arthropodes 6, 18
asticots 80, 82-85, 102, 120
atlas 69, 74
attaque chimique 118-119
bioluminescence 52-53
blattes 45, 55, 81, 122, 134
bombardier africain 118
bourdon 124
bousier 23, 48-49, 81
bupreste 22
camouflage 40, 43, 88-89,
114-115
champignonnière 90-91
champions 134-135
chant 72-73, 123, 135

charançons 32-33
chenilles 34, 35, 55, 63,
68, 104-105
chercheurs et spécialistes
130-131
chrysalide 55, 60, 61, 63
chrysopes 21
cigale 34, 58-59, 135
épineuse 41
cloportes 9, 16, 45
coccinelles 6, 21, 124, 128
cochenilles 50-51
cocons 61, 64-67
coléoptères 15, 17, 46-49, 83,
121, 125, 128, 129, 133, 135
corps 18-19, 28-29, 48, 60
crabes 74, 128
créations 132-133
crevettes 74, 100
criquets 21, 29, 37, 45, 72-73,
120, 123
criquet pèlerin 28-29, 76-77, 134
crustacés 9, 11, 103
dards, *voir* aiguillons
diapause 135
décomposition 82-85
défense 118-119
demoiselle 45, 55
diptères 21
drosophile 80
entomologiste médicolégal
82-83, 131
éphémère 123, 135

épines 29, 104-105
espèces 10, 13
menacées 128-129
essaims 76-77
évolution 10, 14-15, 61
exosquelette 7, 25, 28, 29
faucheux 16, 107, 122
forces 24-25
fossiles 14-15
fourmis 15, 16, 25, 34, 35,
74, 90-95, 119, 120,
125, 129
charpentières 125
légionnaires 92-93, 120
magnans 92, 93
parasol 90-91
tocandira 119
guêpes 15, 19, 44, 81, 103,
124, 132
guêpe parasite 81
habitats 102-103
hyménoptères 21
insectes 8, 10-11 , 13, 14,
18, 123
comestibles 34-39, 78-79,
94-95
épineux 41
médicinaux 120-121
nuisibles 125, 130
larves 35, 39, 55, 57, 82-85
lépidoptères 21, 60
libellules 15, 19, 30, 31, 35,
44, 54-55

libellules géantes 15
lucioles 21, 23, 52-53
maladies 126-127
mantes 22, 40, 41, 44, 75
métamorphose 54-59, 63
migration 62-63, 134
mille-pattes
chilopodes 9, 10, 116
diplopodes 9, 14, 75, 117
mimétisme 68-69
monarque 62-63, 68
mouches 19, 21, 24, 27, 44,
82-85, 133
à viande 82-85
moustiques 126-127
mue 54-55, 59, 65
mygale 75, 107, 119
névroptères 21
notonecte 22
nymphes 54-55, 57
orthoptères 21, 28-29
papillons 15, 21, 44, 55, 60,
125, 129, 134
de nuit 15, 40, 45, 61, 69,
81, 83, 114-115, 135
pattes 8-9, 18, 27, 29
perce-oreille 128
phasmes 41, 75, 88-89, 134,
136-137
phyllies 41
poils 19, 27, 31, 119
poisson d'argent 14, 55, 80
poux 80

protection 128-129, 131
pucerons 125
puces 15, 25, 134
de neige 102
punaise d'Italie 119
punaise-feuille 40
pupes 82
recyclage 48, 84-85
respiration 29
rhinocéros 25
rouge cochenille 50-51
sangsues 121
sauterelles 28, 30, 34, 36,
45, 78-79, 123
sauterelle-feuille 40, 41,
42-43
scarabées 48, 132
scorpions 8, 14, 44, 53, 75,
106, 107, 119, 123
syrphe 19, 20, 21, 69
taxonomiste 130
termites 35, 37, 80, 125, 134
termitières 100-101, 132
tiques 8, 107
toiles 108-111, 121, 135
trilobites 14
vers 9, 10, 14
à soie 64-67
de farine 36, 38
luisants 52
vol 14, 18, 19, 60, 61
yeux 18, 19, 30-31, 106